村

JN047477

竹書房文庫

まえがき

栗原　亨

樹海村《じゅかいむら》——オカルトファンにとってはなんとも甘美な響きである。

それは果たしてどんな村であろう？

古から樹海へ棲みつくサンカのような民の集落か？

自殺志願者が出会い、森の中で形成されたコミュニティなのか？

そんな場所を妄想することは知的好奇心を刺激する。

だが長年にわたって樹海を探査・踏破した経験からいうと、それが実在する確率は絶望的までに低い。

人間が生きていくために必要な「水」の問題である。

溶岩石で作られた樹海の地表は、スポンジ状に無数に穴があるため水が溜らないのだ。

まれに土が積もった地面等に水たまりがあるが、集落を維持する量には遠く及ばない。

また、樹海では作物を育てる土壌もないために、食料の確保もかなり難しい問題となる。

仮に鹿やイノシシなどを狩れるとしても、自殺を思いつめている人々が、高度な狩猟のスキルを身につけようと考えるだろうか？

現世から飲料水や食料を持ち込み、死に至る前に数日過ごしたであろう一、二名のキャンプの残骸。または、風穴などの小さな洞窟を利用した寝泊りの形跡等を、多数見つけたことはあるが住むには適していない森である。


と、ここまでは〝樹海村〟の存在を完全否定に近い内容で書いてきたが、実は数年前、その残骸を見つけたことがある。

樹海内部へのアクセスに使用した古びた山道から、約七〇〇メートル以上離れた樹海の最深部。

ぽっかりと開けた平らな空間に、朽ちた複数のテント、錆びたガスコンロや散乱したペットボトル空容器。鍋やフライパンの残骸、樹々に張ったロープに干したボロキレのような洗濯物……。

古いものは数年ほど経過し、新しいものは数週間前まで使っていたようだ。

明らかに最低でも五名、最大では一〇名程度が暮らした（過ごした）であろう生活の痕跡。

破棄されたのか、いや現在も人が住んでいるのか……？

かつてそんな場所を発見した。

それを「村」と呼ぶにはかなり無理があるが、小規模のコミュニティーが実在したのは紛れもない事実だ。

ちなみに五〇メートルほど離れた位置にかつて使われていた廃道があり、現世にアクセスするには容易である。

だがそこは二メートルを超える断崖の上に設営されているために、発見することは容易ではない。

樹海のほとんどを踏破した自負のある筆者でさえも、このような新たな「謎」を見つけたことに驚かされた。

富士山麓に広がる未知なる樹の海。その中に「樹海〝村〟」が絶対に無いという証拠、そんなモノはまだ誰にも見つけられていないのである。

数人が暮らしたと思われる樹海コミュニティーの残骸。
沢山の物資がそのまま残されている

目次

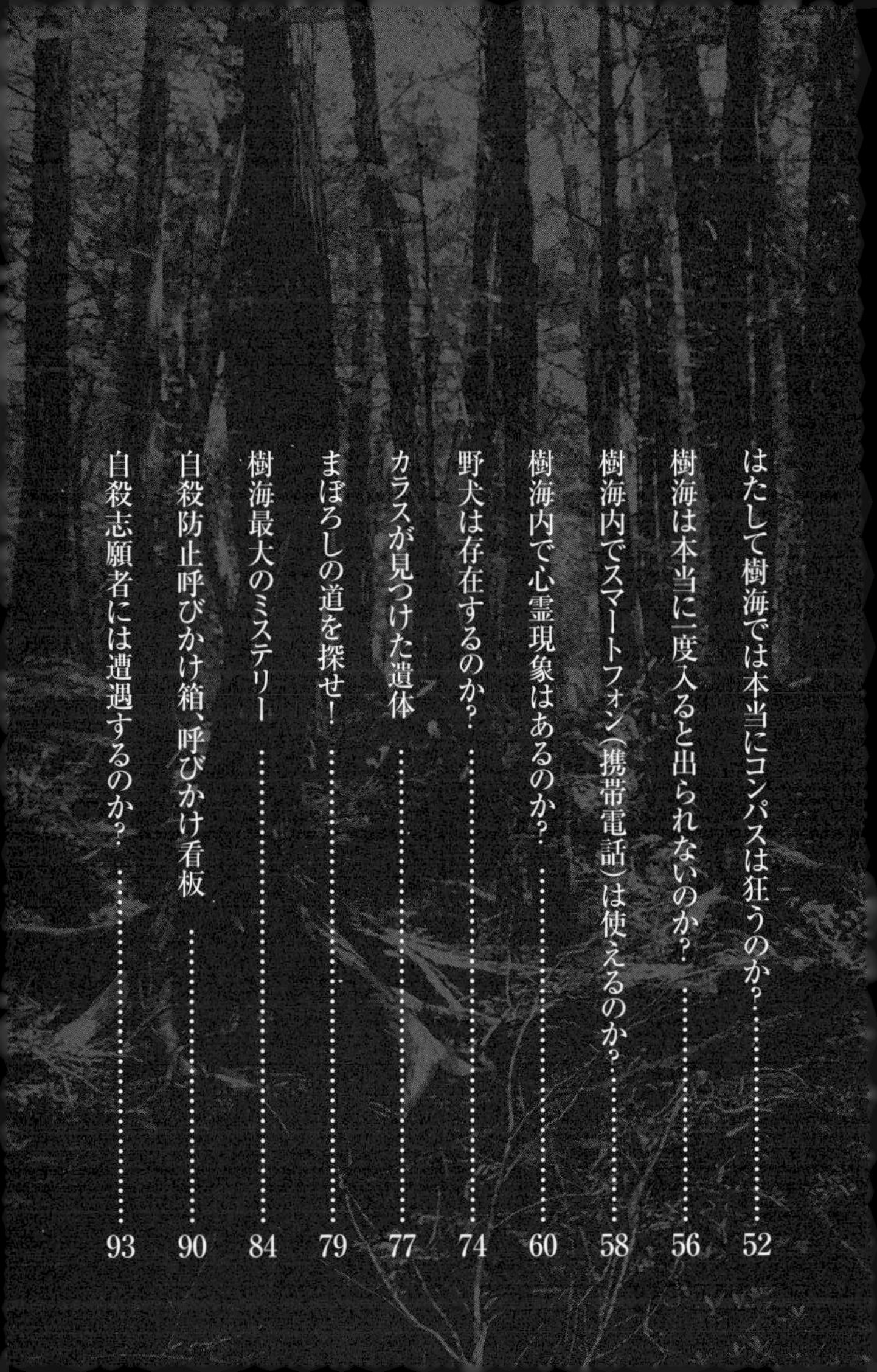

第二部　樹海実話怪談

地理院地図をもとに作成

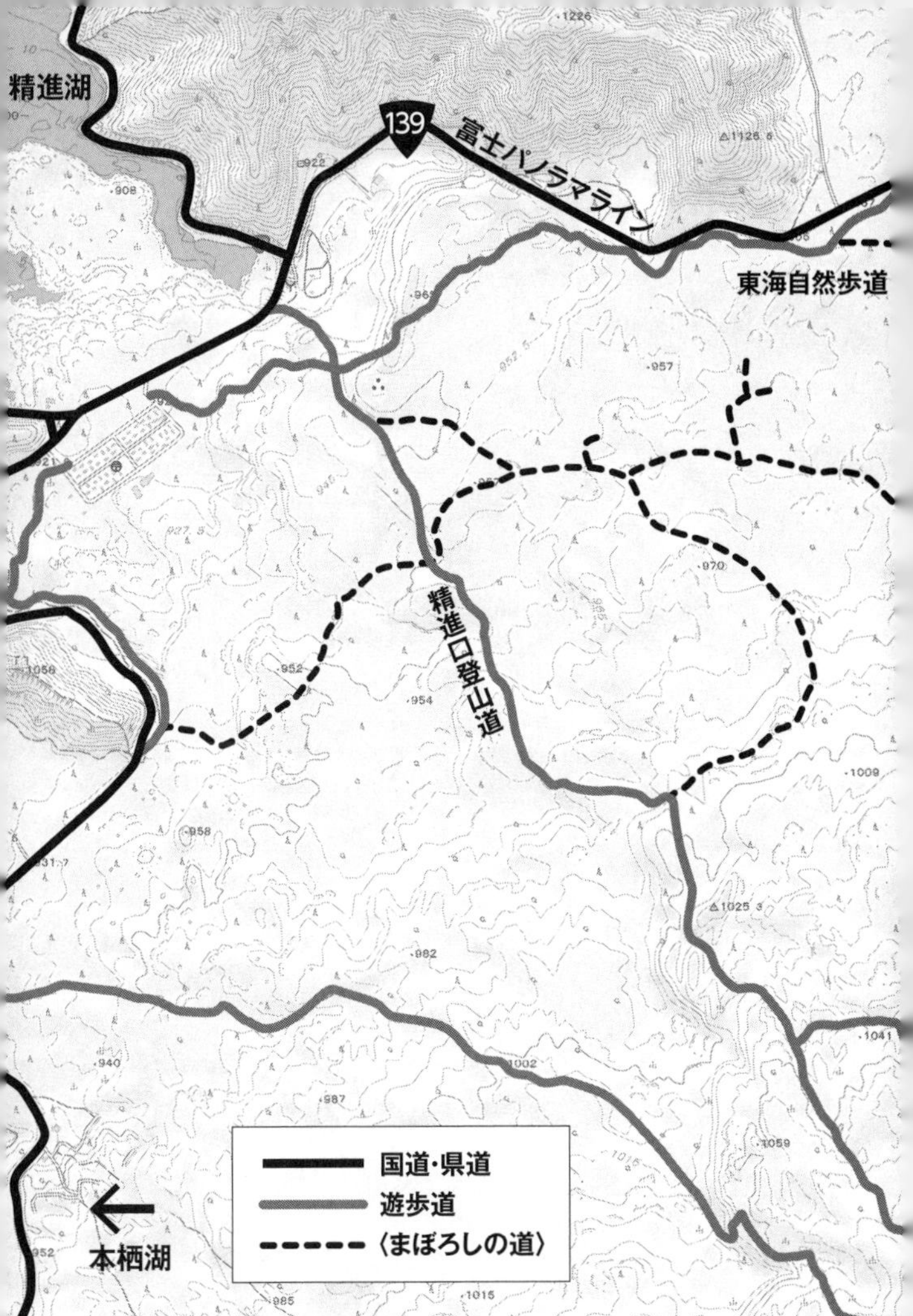

精進湖
139
富士パノラマライン
東海自然歩道
精進口登山道
国道・県道
遊歩道
〈まぼろしの道〉
本栖湖

warning

この記事は専門家が、安全面に配慮し、また関係機関への相談・届け出などを経て取材・執筆したものです。

青木ヶ原は富士箱根伊豆国立公園に属し、富士山原始林及び青木ヶ原樹海という名称で、国の天然記念物に指定されています。

またこの取材当時と違い、現在では国立公園の特別保護地区に指定されており、世界文化遺産「富士山-信仰の対象と芸術の源泉」の富士山域に含まれています。

決められた遊歩道以外に足を踏み入れることはやめましょう。

富士河口湖町は、自然環境にできるだけ負荷をかけずに樹海の魅力を楽しむために、利用者に正確な情報を伝えながら樹海を案内する公認ネイチャーガイド制度を創設しています。

青木ヶ原に行ってみたい方はそちらをご利用ください。

第一部　樹海ルポルタージュ

栗原　亨

栗原　亨（くりはら・とおる）

1966年生まれ。樹海及び廃墟探検家。

30年以上にわたり約1500箇所の廃墟を巡り、青木ヶ原樹海にて70体以上の自殺遺体を発見。著書に『廃墟の歩き方』『廃墟の歩き方2』『初めての廃墟の歩き方』『樹海の歩き方』（以上、イースト・プレス）『新・廃墟の歩き方』（二見書房）『廃墟紀行』（マガジンランド）『ウソかマコトか⁉　恐怖の樹海都市伝説』（秋田書店）がある。近年はテクニカルダイバーの資格を取得し、海中の廃墟である沈船を30隻以上探索。

間違いだらけの樹海知識

『青木ケ原《あおきがはら》樹海』その地名自体は多くの人が知っているだろう。

だがその実態を知る人は少なく、初めは私もその一人だった。


廃墟の本を書き終え、少し廃墟探索に疲れていた矢先であった。

実弟から連絡があり「某巨大掲示板主催の樹海オフ会に行ってきたよ」との内容。

真っ先に私の口から出たのは「死体は見つけたの？」という言葉だった。

私も多少の樹海知識はあったが、その最たるものが沢山《たくさん》の自殺遺体が発見されるというステロタイプのイメージだ。


富士山の山麓に、海のように広がる広大な森。

昼でも薄暗く、コンパスの針はグルグルと回ってしまい、迷い込んだら二度と出ることができない。

奥地では人目をはばかるように、生き残った自殺志願者が集団で生活する集落が存在し、新たな自殺志願者を受け入れる。

捨て犬で構成された野犬の群れは餌とすべく自殺者を襲い、その死肉を喰らう。

自然に支配された原生林は、野生動物の天国となっており、熊や大蛇が生息し人間を狙い襲いかかる。

成仏できない自殺者の霊魂が心霊と化し、生者を死地へと誘《いざな》う――。


やや妄想も入っているとはいえ、大体はこんなイメージを抱いていた。

また、探索を始める前に、予習しようと書籍を探すが『完全自殺マニュアル』（鶴見済／太田出版）に数ページ記載がある程度で、当時は参考文献は皆無であった。

では、本当の青木ヶ原樹海とはどんなところなのだろう？

美しく、しかし闇に満ちた樹海。

世界文化遺産に指定される以前の数年にわたり、歩き続けた取材の模様から、皆様にも是非、真実の樹海を知ってもらえたら幸いである。

青木ヶ原樹海とは

科学や技術の発展とともに、世界中の秘境が消えていった。

しかし、こんな現代において国内に最後の秘境が存在する。

そう、霊峰富士の裾野に広がる「青木ヶ原樹海」である。

巨大な原生林は「呪界」とも呼ばれ、最強（最恐）の心霊スポットであり、日本一の自殺の名所としても名高い。

「コンパスが狂い、入ったら二度と戻れない」という噂が囁かれる、神秘に包まれたエリアである。

では、青木ヶ原樹海が実際にはどんな所なのか、解説していこう。

樹海の位置

日本一の山である富士山の北北西側裾野。

静岡県に間違われることもあるが、裏富士である山梨県側に位置する。

オウム真理教のサティアンで有名になったかつてあった上九一色村《かみくいしきむら》、北に足和田村《あしわだむら》（現在富士河口湖町《かわぐちこまち》に合併）、東は鳴沢村《なるさわむら》内に位置し、本栖湖《もとすこ》、精進湖《しょうじこ》、西湖《さいこ》の南側に広がる。

名称の由来

「青木ヶ原樹海」という正式な地名は存在しない。

東京上野の「アメ横」などと同じく、いわゆる通り名である。

「青木ヶ原」の名称は、上九一色村精進青木ヶ原、足和田村字《あざ》青木ヶ原、と二つの住所に使われているが、「樹海」に関しては、高所から展望すると果てしなく続く海のように樹々が生い茂っていることから、樹の海＝樹海と名付けられたようである。

樹海の広さ

名称の由来に記載してある通り「青木ヶ原樹海」という正式な場所が存在しないために、正確なエリアの線引きも存在しない。

各文献や書籍などの記録によると、おおむねの二五〜四〇平方キロメートルと記載されている。

そのため「青木ヶ原樹海」とされるエリアは、縦（長尾山火口より西湖南まで）の約六キロ、横（本栖湖東より鳴沢林道まで）の約六キロ内の三〇平方キロメートル程度と自分的には考えている。

これは、おおよそ東京ドーム約六四二個分の広さにあたる。

標高

樹海の地表は溶岩流が固まった溶岩石でできている。

その溶岩が流れ出た山が、富士山の側火山※である標高一四二四メートルの「長尾山」である。もちろん、溶岩は下へ向かって流れ出るので、一帯に堆積し広大な高地をつくり上げた。そのため樹海が広がる標高は九〇〇～一一〇〇メートルに位置する。

かなりの高地なので一〇月ぐらいからほぼ冬の気温となり、五月中旬まで低温が続く。

樹海の歴史

約一一五〇年前の西暦八六四年（貞観六年）、富士山三大噴火※のひとつに数えられる貞観大爆発により、富士の側火山「長尾山」火口より大量の溶岩が流れ出た。

その量は一億～数億トンと言われている。

一〇〇〇度を超す溶岩流は富士の裾野を下り、辺り一面を焼き尽くした。

溶岩流の進行を止めたのは、富士の北側に位置する巨大な湖「剗《せ》の海」である。

「剗の海」に達した溶岩流は、湖の水により冷やされ固まるが、その際に湖の水は沸騰し、多くの魚の死骸が湖面に浮いたと言われている。

溶岩は固まりながらも「剗の海」を分断し、現在の「西湖」「精進湖」「本栖湖」と三つの湖に分かれた（西湖は最初から別の湖だったという説もある）。

長尾山より「剗の海」までを覆いつくした溶岩は「青木ヶ原丸尾」と呼ばれ、広大で無機質な土地をつくり出した。

そして、一一五〇年もの年月をかけ、わずか二センチほど積もった土の上に樹齢三〇〇年前後の樹々が茂る巨大な原生林が生まれ、「青木ヶ原樹海」が誕生したのである。

※「側火山」大きな火山の中腹などに生じる小さな火山。寄生火山とも言う。富士の側火山は「長尾山」「大室山」「片蓋山」「弓射山」等、二〇余ある。

※「富士山三大噴火」他の二つは八〇〇年の延暦大噴火、一七〇七年宝永の大噴火。

自然体系

青木ヶ原樹海、その自然環境は人が暮らすという意味において、かなりきびしい環境だ。

まず地表だが、一一五〇年近くの歳月を経ているにもかかわらず、土が数センチメートル程度しか存在していない。

溶岩石が数メートルの凹凸《おうとつ》や起伏で敷き詰められ、その上に落ち葉が積もり、苔《こけ》がへばりついているだけなのだ。

溶岩からなる固い地表では樹木の根が地下に潜ることができない。まるで蛇のように根が地表を曲がりくねっているため、樹齢三〇〇年の樹々はその巨大な体を支えきれずに倒れてしまっているものも多い。

だが、その朽ちた樹々の上にさらに苔や土が積もり、新たな樹々がそこから生まれてもいる。

無数に生い茂る樹々の葉が日光を遮るため、日中でも薄暗い。

標高一〇〇〇メートル程に位置するために、冬期は氷点下まで温度は下がる。

その一方、夏期には恐ろしいほどの湿度になるため樹々は腐り、直径十数センチほどの樹でも触れるとまるで砂の柱のように折れ、粉々に崩れてしまうものもある。

樹海南側では、昭和三〇~四〇年にかけて林業や炭焼などの開拓を行なったそうだが、樹海の自然環境には勝てず産業は廃れ、今では静かにその残骸を残すだけとなっている。

人間を寄せつけないこの過酷な自然環境が、この地を神秘のベールに包み込んできたのだろう。

いわゆる一般的な「森」とはまったく違った景色が、樹海には広がっているのである。

樹海の植物群について

約一一五〇年前の噴火により流れ出た溶岩流の上に成り立つ、本州最大級の原生林。六キロ四方に特徴的な植物群を見せている。

溶岩石に水分を保つ力はないが、樹海中に敷き詰められるように繁殖した苔が水分を貯え、樹々はその水分で育つ。

樹々の直径は約四〇～七〇センチ、高さ約一〇～一五メートル、樹齢は二〇〇～三〇〇年前後のものが多い。

主にツガ、ヒノキ、モミ、アカマツ、カラマツなどの針葉樹が多いが、ミズナラ、コナラ、リョウブ、シラカバ、ヤマハンノキなどの広葉樹なども交じる針広混交林。

陽樹林から陰樹林へと遷移する途中である。

炭焼き釜の跡。
石炭、石油へとエネルギーが替わり衰退した。

銀竜草別名「幽霊ダケ」。白色のため光合成を行えず、落ち葉などから栄養を得る腐生植物。日本中の湿度の高い地域に分布するとのことだが、著者は樹海以外では見たことがない。

樹海の動物

鳥類はミソサザイ、カケス、ツグミ、ヒヨドリなど約二一〇種類。

哺乳類はクマ、シカ、キツネ、イノシシ、ウサギ、イタチ、リスなど約四〇種類と言われているが、実際に目にした動物はシカ、ネズミ、リス、ヘビくらいであった。

鳥類では、キツツキが樹をつつく音や、カラスの鳴き声を聞いた程度で、ほとんど目にすることはできなかった。

しかし、まれにバードウォッチャーや写真家に遊歩道で出会ったことがあるので、実際にはかなりの数が生息しているようだ。

樹海に自殺死体はあるのか？

青木ヶ原樹海が何故、ここまで有名なのか？

それは自殺の名所だからである。

かつて様々な方たちにイメージを聞いてみたが、ほぼ全員が「自殺が多いんでしょう？」との返答であった。

何故ここまで、そんなイメージが強くなってしまったのか？

その原因は、松本清張の小説『波の塔』ではないかという説が有力である。

女性週刊誌に一九五九年から翌年にかけて連載され大ヒットした本作は、映画化および八度もテレビドラマ化された。ラストでは、ヒロインが樹海へ入っていく＝自殺する。そのシーンが、多くの自殺志願者に影響を与えたのではないかと言われているのだ。

当時、樹海（樹の海）に消えてゆく神秘的なイメージが、美しい「死」を連想させ、自殺の名所のイメージに繋がっていったとされている。

その後、一斉捜索が一年に一回（最盛期は二回）行われ「今回は何体（自殺遺体の数）発見された」とメディアが報じるようになった。

それによって更に、青木ヶ原樹海は自殺の名所であるとテレビなどの全国ネットで宣伝されるという、悪循環へと陥る。

ちなみにその循環を断ち切るために、平成一〇年を最後に一斉捜索は打ち切られた。年によっての自殺者の増減はあったが、年間平均七〇～八〇名程度で推移していた。

それでも一つのエリアとしては、圧倒的な多さである。

私の経験から言うと、遺体捜索に熟練した人間が数人がかりで、六時間程度探索し、一日一体を発見するのがやっとである。

ただし、三日間で一体も発見できない時もあったり、一日で六体を発見した日もあり、この辺は偶然の要素が大きいと思われる。

結果としては、間違いなく樹海に死体はある。

しかし、無計画に樹海を半日巡ったからといって、遭遇する可能性はかなり低いと言えるだろう。

自殺エリアの傾向

青木ヶ原樹海のどこのエリアで志願者は自殺に及ぶのか？　という質問を受けることがある。

本来「ここが自殺エリアです」などの決まりがあるわけではないので、特定エリアなどは存在しない。

にもかかわらず、実際には集中するエリアが存在するのだ。

我々はそれをXゾーンと呼んでいる。

かの有名な『完全自殺マニュアル』に、絶対に発見されないと紹介された場所である。

県道七一号の南に広がる森で、近隣に有名な観光スポットも存在しないことから、確かに人気《ひとけ》が無い。そのために、『〜マニュアル』を読んだ志願者が集まるのであろう。

実際にこのエリアで発見した数体の遺体は、その書籍を所持していた。

謎なのは、樹海探索者の間で通称「団地」と呼ばれている、Xゾーンとは別のエリアである。

「鳴沢氷穴」「富岳風穴」の南西に位置する森なのだが、多数の遺体が見つかっている。

そのために、巨大掲示板で沢山の人（遺体）が居る＝「団地」と命名されたらしいのだ。

ここは『～マニュアル』と違い、メディアに紹介されたわけではないので集中する原因が不明なのだ。

おそらく死者の魂が志願者を呼び寄せるのだろう――。などというオカルト的な結論ならロマンがあるのだが、根拠を示し分析してみよう。

ほとんどの志願者は、公共交通機関を使い森に入る。

車やバイクでここに来て車両を放置すると、ナンバーなどからすぐに身元が特定されてしまうからである。

そこで、青木ヶ原樹海で有名な観光名所「鳴沢氷穴」「富岳風穴」付近にはバス停があるので、ここで降車する。

自殺志願者の精神状態や体力は、普通の人々と比較してかなり弱っていると推測される。

彼（彼女）らは邪魔の来ない奥地を目指し、まずは歩きやすい遊歩道を使い一キロメートル程度奥へ進む。

そこから死地である樹海内部へと入って行くのだ。

何回も書いてきたが、内部は無数の樹木や藪、高低差の大きな起伏により、かなり歩きにくい。

まるで舗装路の五～一〇倍の労力を要する様に感じる。

遺体の多くは遊歩道から五〇～一〇〇メートルのエリアの中で発見される。

本人的にはかなり奥地へ入ったと錯覚しているのだろう。

車道からだと三〇〇～五〇〇メートルほどの距離になり、起伏の状態や風向きによるが、ほとんどが車両の音（排気音やロードノイズ）が聞こえない静かな場所である。

静かな場所で死にたいという気持ちにも適《かな》っているのが、「団地」なのだ。

最後に、「団地」を含め自殺エリアにはもう一つ特徴がある。もしかすると、これが最重要といっていいかもしれない条件である。

これをうまく表現するのは難しいが、樹海内には「安らぎポイント」とでもいうべき場所があるのだ。

例えば、樹々の密度が薄くなり太陽光が差し込んでいる暖かな空間。他の場所に比べると開けた平地で、大きな樹が立っているような場所などである。

我々も探索で長時間歩き回っていると、そういったロケーションに遭遇する。

安らげる場所なのだが、辺りを見回すとかなりの確率で樹の幹に結ばれたロープを発見するのだ。その下には……もはや書く必要もないだろう。

そこが「安らぎポイント」かどうかは個人差があるとは思うが、最後の場所にふさわしいというか、樹々が並ぶ単調な景色が延々と続くなかで、なんとなく温かい気持ちになるような空間なのである。

ここで休憩を取ろうと思うような場所に着いたら、要注意である。

こうしてみると、偶然とも思える自殺現場の偏りが、実は根拠に基づいた必然であるのがわかる。

魔の森も、人間の心理や行動パターンにより作り出されていたのだ。

自殺志願者の近くに散乱していた『完全自殺マニュアル』。
実際に 10 名近い自殺者が所持していたのを確認している。

実際に使用した首吊り用のロープ。
この真下に人骨が散乱していた。

遺体の考察

筆者は二〇二〇年一〇月現在までにおいて、青木ヶ原樹海で七一体の遺体に遭遇した。多くは完全白骨の状態であり、死因や性別などがわからないケースもあるが、服や靴、状態、残留品から様々な要因を推測できる。

西の東尋坊《とうじんぼう》、東の青木ヶ原と呼ばれるほどの日本有数の自殺スポット。そこで発見した数多くの遺体を検証してみよう。

一　身元

九〇パーセントは身元不明。

樹海内部に、免許証、キャッシュカード、保険証、クレジットカードなどが散乱している場所に出くわす。

これは自殺志願者が身元特定を防ぐために破棄していったためでもあるが、もう一つの理由として「現世との関係を断ち切る」との意味もある。

自殺を行うには、かなりの勇気と決断力が必要だ。

そのために、様々な理由を重ねて自身を追い込むことが必要となる。

「有名な自殺スポットである青木ヶ原樹海に来る」という行為もその手段の一つでもあるのだが、現世と結びつくカードや証明書を破棄するのも「断ち切る」にことおいてはプラスの要因となる。

現金やクレジットカードがあれば、再度、交通機関を利用して家に帰ることもできるが、棄ててしまえばそれも叶わない。

そういった形で自身を後戻りできない環境へ押し込めて、最後の後押しをするのだ。

勿論、中には現世に戻った人もいるとは思うが、広大な樹海では、樹海へ棄ててしまった証明書などを、後日回収するのも不可能である。

ちなみに最終的に身元が分からない場合は、町が無縁仏として処理をするが（無縁仏供養棟がある）、火葬代など含め約九万円のコストがかかる。

二　男女の比率

性別不明の者もわずかに存在するが、私が発見したのは、男性八〇パーセント、女性二〇パーセントである。

こんな例があった。女性の洋服が散乱した白骨があった。だが、明らかに骨格が大きい。その上に、女性的な配色の二七センチの大きなサイズの靴も近くにあった。

あくまでも推測ではあるが、Xジェンダー的な人物だったのかもしれない。

青木ヶ原を自殺の名所にした原因でもある「波の塔」のヒロイン・頼子が女性にもかかわらず、男性が多いのは皮肉な結果である。

三　死因

無数の樹木があり、枝にロープをかけ易いというイメージがあるためだろうか、圧倒的に首吊りが多い。

実際は、適度な高さの頑丈な横枝は少ないため、幹の二股、倒木の幹、中にはペグを幹に打ち付けてロープをかけていた例もあった。

ただし首吊りと言ってもロープにぶら下がっている状態よりも、首に巻いたロープに体重をかけている状態の自死が多い。

原因不明なこともあるが、白骨体の上にロープが下がっていることも含め、首吊りは八〇パーセント近くにも及ぶ。

次に多いのが凍死である。

これも服薬死との境目が明確ではないが、睡眠導入剤や酔い止め系の薬を大量に準備してアルコール度数の高いお酒で内服する。

これで寝てしまえば、冬期は氷点下一〇度にも達するため、間違いなく凍死できるだろう。

ただし万が一、睡眠できなかったとしたら、恐ろしいほどの寒さという地獄を味わうリスクが発生する方法でもある。

服毒死の中には、市販薬ではなく処方薬を内服するケースもある。

市販薬は効能が低いため死に至るには相当な量が必要であるが、処方薬は数倍の効果があるため少量で済む。

この場合は、睡眠を必要としないため、酒類が近くに無いことも特徴の一つであるが、凍死との明確な線引きは不可能である。

死因が推定できるもので、概ね九〇パーセント以上が首吊り、凍死、服薬死である。

その他、以下のような発見をしたことがある。

事故死＝コンパスやトレッキングシューズ、リュックに登山用の杖という山岳装備を身に着けており、自殺とは考えにくい。二メートル程の穴に落ちて亡くなっていた。

服毒死＝農薬で自殺した女性。農薬を飲み自殺を行う。かなり苦しんだであろう残骸があった。

他殺死（?）＝明らかにカタギでは無い風貌の男性が、樹海の内部ではなく、遊歩道沿いで首を吊って（もしかして吊らされて?）いた。何か死ぬほどのミスを犯してしまったのだろうか。

即身仏＝自らミイラ化したと思われるなどの事例がある。

四　自殺の理由

これこそ特定困難なテーマでもある。
しかし実際に志願者を保護した際に理由を聞いたところ、

経済的苦痛＝親族を連帯保証人にしてしまい、責任を感じて。
病気での肉体的苦痛＝膵臓癌で余命が少ない。または痛みに耐えられないため。
失恋での精神的苦痛＝親友に彼女を取られたため。

などであった。
また、残留物や状況などから推測した例では、精神疾患（鬱病）、人間関係に悩んだ末、会社の金を横領したなどの犯罪行為が発覚して追い詰められたり、経済的な生活苦などが考えられる。

五　遺体の状態

死亡時の状態を保持できる時間が大きなポイント。

完全に白骨化すれば数年間は、その姿を保つ。

もっとも白骨であっても、長年放置すればかなり劣化していく。

反面、季節にもよるが、ほぼ完全に人間としての状態をキープするのは一週間～半月程度。

その後、徐々に腐敗（冬期はミイラ化）し白骨へと変移する。

樹海で遺体に慣れた筆者ですら、完全体から腐敗体に移行するゾンビのような状態はかなりきつい。

大まかな分類ではあるが、発見時に完全体五パーセント、腐敗体（ミイラ化含む）一五パーセント、白骨体八〇パーセントとなる。

樹海内部に散乱した遺留品。
現世との縁を断ち切るため、自殺を行う前に棄てていってしまう。

自殺者レポート

ハンカチに導かれて

樹海を探索し始めた初日であった。

早朝から七名のメンバーで内部へ入り、休みなく探索したが遺体はおろか骨の一本も発見できない。

午後になったため一度現世へ戻り、休憩と簡単な昼食を済ませ、再度、森へ潜った。

寂れた山道を登っていくと、左側の樹木の枝に色あせたピンクの布の端切れが結んであるのが見える。

近づいて確認すると、更に数メートル先に同じような色が見える。

更に近づく――を何回か繰り返した。

一五分も端切れを追いながら、歩いただろうか？

大きな樹木の根元に大きくえぐれた窪みが――。

そこに散乱する沢山の人骨。

くすんだ色彩を帯びた白い物体は、まるで自然に溶け込んだように放置されている。

横倒しになり苔むした頭蓋骨が、かつて人間であった面影をリアルに残す。

付近にはアルコールの強いお酒の瓶と、薬のシートがいくつもまき散らしてあった。

残留物から推測すると女性のようである。

おそらく、眠りながら凍死したのであろう。

静かな森の中で朽ちていった人間の死。

それを思うと様々な感情が折り重なる。

樹々に裂いたハンカチを結びつける行為――それは何を意味するのだろうか?

おそらくは誰に邪魔もされず静かに死にたかったのだろう。が、その反面、死後は誰かに見つけて欲しかったのではないかと想像できる。

漆黒の夜を何度も迎えた彼女は、何を思い死に至ったのか。真実は永遠にわからない。

「見つけて欲しい」という、彼女の思いを遂げたことができたかも……。

そう、心の中で手を合わせた。

死を選んだ事務長のドラマ

狭い窪みに横たわった完全白骨の遺体。

その骨はかなり太く丈夫そうな男性のモノであった。

付近に散乱した遺留品から、彼の素性を読み取ることができた。

神奈川県の大都市であるY市にある総合病院。

そこの事務長の地位にある。

所有する車はフランス製の高級車。

一五歳年下の妻がいて、なんと死の前年に初めての女の子に恵まれたのである。

雨水で色褪せた写真には、ガッシリした背の高い男性、優しそうな若く綺麗な女性、そして可愛い赤ちゃんが写っていた。

本来だったら人生の、幸せの頂点であるはずの彼は、樹海の奥地で朽ち果てている。

メモに残された乱れた文字は漆黒の中で書いたのであろうか？

「やばい眠気が来た、暗いとにかく暗い、誰か来てくれ助けて、」その叫びが届いたのは、死後、数か月経過し我々が発見した時である。

客観的に見れば、体格や家庭環境、社会的地位も、経済力も申し分ない「勝ち組」の人物だ。

そんな人物が、この地に来るまでにどんな葛藤があったのかは、永遠にわからない。

樹齢三〇〇年の森は、どんな人々も受け入れ、ゆっくりと消化してゆく。

それが、優しいことなのか、残酷なことなのか……。

それは亡くなった当人すら知ることは無いのかもしれない。

農薬で命を絶った女性

「団地」の最深部を探索していた時のことだった。

女性物の衣服が落ちていた。かなり劣化していたが、上着のようである。

あたりを見回す。一〇メートルくらい先にさらに衣服が落ちている。

今度はズボンのようだ。

更にその先に、ブラジャーや下着が続き、延長上には人骨が散乱していた。

何故か着ている服を脱ぎ捨てながら歩き、力尽きて死に至ったようである。

何かに追われて亡くなったのだろうか？

再度、遺留品を確認するために、最初の上着の位置へと戻る。

近くに一個の瓶が転がっている。それは農薬の空き瓶であった。

彼女は中身を飲み干し、もがき苦しみながら服を剥ぎ取っていったのだろう。

約五〇メートルにわたる壮絶な一本のライン。

その先端にある頭蓋骨は、大自然の中に静かに転がっている。

今は苦しみから解放されて……。

即身仏になった男性

『完全自殺マニュアル』で「絶対に（死後、遺体が）見つからない」と紹介された、我々がXゾーンと呼ぶエリアがある。そのためか、このエリアではかなりの数の遺体を発見した。

そんなエリアの最深部を探索していた時であった。

樹海の探索歴が長くなると、自然の色彩の中で人工の色彩を見分けるスキルが上がる。

遥か彼方に、不自然に光沢を帯びた白色を発見した。

色を見失わないよう自身はその場にとどまり、メンバーの一名を声でそこまで誘導する。

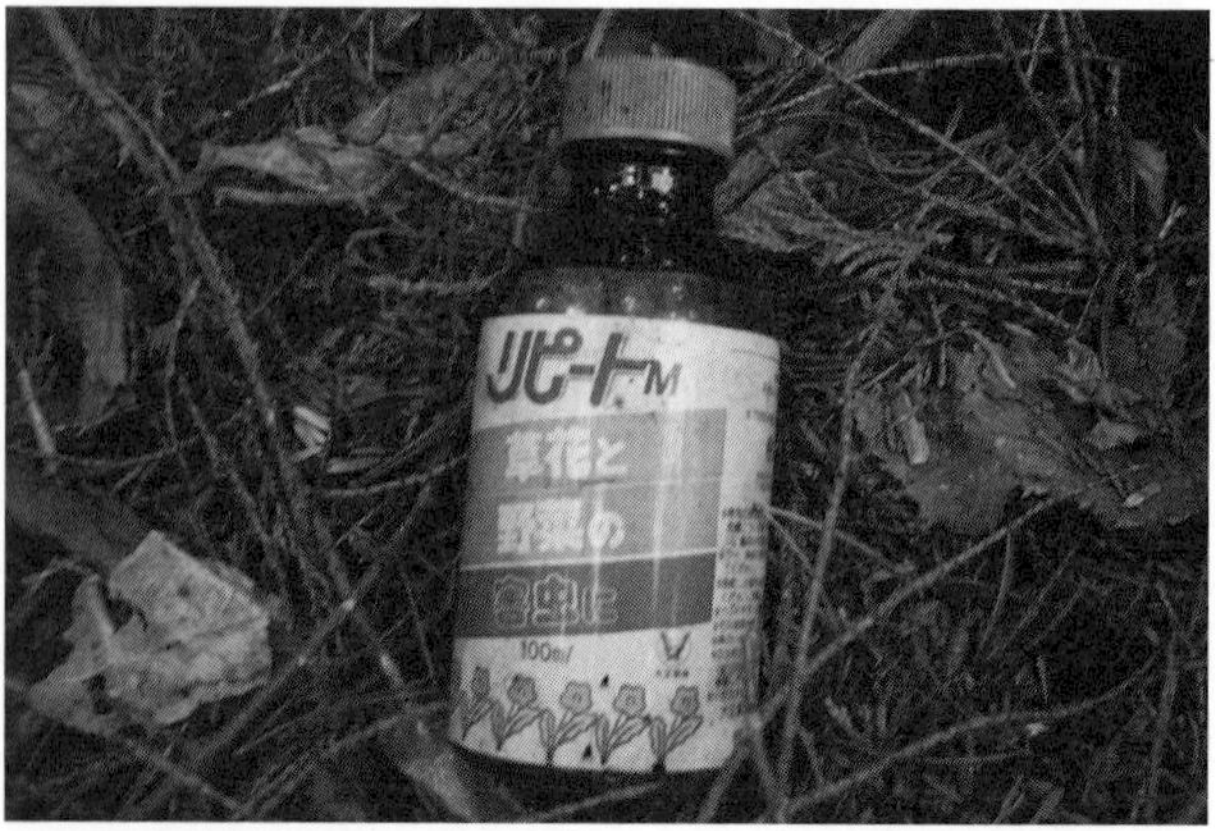

農薬自殺で命を絶ったと思われる遺体の近くに落ちていた農薬の瓶。
苦しんで亡くなったであろう形跡が残されていた。

即身仏化した遺体の眠っていたテント。
完全に中に「居る」のがわかっていただけに、開けるのにかなりの勇気を要した。

一瞬でも、小さな目標物から目を離すと、二度と認識できなくなるためである。

直前までたどり着いたメンバーが大きな声で、報告する。

「洞窟があります！」

急いで彼の元まで行って人工物を確認する。

なんと、二メートル程度の樹の枝を何本も使って格子状に組み、洞窟を隠すように紐で固定してあるのだ。

そのビニール製の紐が白い人工色の正体であった。

洞窟内をライトで照らすと、中にはテントが設営してある。その上、手作りの格子が、外れないように中から、ロープや針金で固定してあるのだ。

中から固定してあるということは、間違いなく内部に人間がいるということになる。

今回、探査に加わったメンバー三名が顔を見合わせる。

全員が緊張した表情をし、私の指示を待つ。

「とにかく格子を取り除いてみよう」

頑丈に設置された樹の枝の格子だが、経年劣化で朽ちている部分も多く、あっけなく破壊できた。

洞窟内にはテントの他に、水タンク、調理用具、干したタオルなど生活の痕跡が多量に残されている。

これだけの設備を作るには、どれほどの手間を要しただろうか。明らかに、一度で運べる物量ではない。

テントには透明なビニール窓が取り付けてあったが、経年劣化で曇り中は見えない。洞窟内に人間の痕跡は見当たらない。となると間違いなく、このテントの中にいるとしか考えられない。

残留物から推測し、ここが完成してから数ヵ月は経過している。

テントの中にいる「人間」はいったいどうなっているのか？

もはや生きてはいまい……。

樹海を完全に知り尽くしたと自負していた我々ですら、受け入れがたい恐怖に襲われる。

誰もテントを開こうとしない。

意を決してテント開けようとしたが、化学繊維が固着して開かない。

ナイフを取り出して傷んだ窓を切り取る。

すると、中で横たわっていた「彼」と眼が合った。

それは完全にミイラ化した遺体であった。

様々な樹海の遺体を目にしてきたが、完全なミイラは初めてである。

かつて映像で見たことのある、即身仏。

その顔や表情は、見事なまで、それに酷似していた。

彼は時期や環境までを選び、虫や動物に身体を傷つけられないよう保護し、見事な「白蝋化」に成功したのである。

自死というものを正当化するのではないが、ここまでの知識、計画性、気力、労力を用い、結果に至ったことに感動すら覚える。

これを生きるという方向に生かせなかったのかという、残念な思いが頭をよぎった。

礼服の男

その日は朝の七時前から樹海へ潜った。

遊歩道を二〇分程度歩くと、内部に白い紙片が点在していた。

小さく破られた、トイレットペーパーの紙片のようだ。

その痕跡を追って行く。紙は汚れておらず湿ってもいない。

かなり新しい物であるのは間違いない。

我々より早い時間に、樹海へ入った者がいるようだ。

一〇〇メートル近く歩いた頃、前方に立っている人影が見える。

紙片を落としていった人物だろうか？

しばらく息を潜め、観察していたが動きがまったくない。

意を決して声をかける。

「おはようございます」

やはり反応はない。ゆっくりと人影に近づく。

礼服を来た小柄な男性がそこに立っていた。

いや、立っているように見えるが、枝から伸びたロープが首に巻き付き、倒れることを許さなかったのだ。

二メートル程離れた位置には焚火の跡が残り、まだ温かさを保っている。

彼の所持品であろう紙袋の中には、カジュアルな服が入っていた。おそらく、礼服に着替えたのであろう。

焚火の周りのお酒とおつまみ。昨晩、樹海へ入り夜を過ごし、夜明けに最後の酒盛りを行い礼服に着替え、ことに及んだ。更に頭には、タオルが鉢巻のように巻かれて、ロープが首から外れないよう固定していた。

様々な角度から「覚悟」を垣間見ることのできた事例であった。

自殺志願者が捨てていった遺留品。
通帳やカードなどの貴重品を破棄し
て現世との関係を断ち切るのだろう。

はたして樹海では本当にコンパスは狂うのか？

皆さんもテレビなどでコンパスがグルグル回る、またはフラフラと揺れて北を指さないというような映像を見たことがあると思う。

だが、本当にコンパスは狂ってしまうのだろうか？

「樹海ではコンパスが狂う」

これは樹海伝説の一つというより、もはや常識と言ってもいいくらい一般的な認識になっている。

樹海内部では三六〇度ほぼ同じ景色なので、方向感覚を失いやすいということも、この「狂う」というイメージを定着させる原因になっているのだろう。

しかも、樹海にほど近い村営博物館の展示物にも「樹海の内部では磁石《じしゃく》が狂います」と書かれている。

ちなみに、狂ってしまう原因だが、樹海の大地を形成する溶岩に多量の鉄鉱石や砂鉄鉱が含まれているためコンパスに影響を与え、このような現象が起きると言われている。我々も当初は、上記の理由からコンパスは当てにはせず、GPSを装備して探索に臨んだ。

だが、役に立たないと思いつつも、とりあえずコンパスは携行することにした。樹海内部まで到達した頃、期待に胸を膨らませながらコンパスを覗き込んでみた。しかし、針はグルグル回るどころか揺れもせず、きっちりと同じ方角で安定しているのだ。

「いや、きっと間違った方向を指しているんだろう」とGPSと見比べるも、正常に北を指しているではないか！

「あれっ、このコンパス壊れてる」

と他の仲間のコンパスを見せてもらうも、どれもこれもしっかりと北を指す……。その場は「まあ、これだけ広いのだから狂わないゾーンも存在するのだろう」と結論づけた。

だが、それから一〇年かけて樹海のほとんどを踏破したが、残念なこと（？）にすべての場所において、持っていったすべてのコンパスで一度たりとも「狂う」という現象は確認できなかった。

補足だが、取材メンバーの一人がたまたま樹海探索中に、陸上自衛隊レンジャー部隊のコンパス行軍訓練に出くわしたことがある。その際、レンジャー部隊の教官に「コンパスが狂ったことはありますか？」と質問したところ、

「そういう話は聞きますが、実際に狂ったことはありません」

という答えが返ってきたそうである。

冒頭で述べたテレビ番組などのスタッフが、我々はおろかレンジャー部隊が体験したことのない現象を映すことができたのは、よほど運が良かったのか、もしくは過剰な演出によるものなのだろうか？

それとも、樹海の恐怖で手が震えて針が回ってしまったのかもしれない——。

我々が持参したコンパスもどこにでも売っているようなものなのだが、しっかりと北を指し、狂うことはなかった。

結論を言うと、樹海の内部において、少なくとも我々が探索したほとんどのエリアではコンパスは正常に使えた。

「樹海ではコンパスが狂う」

というのは、一般の人々が持つ、

「樹海に入ったら二度と出てこられない」

というイメージが創り出した伝説ではないだろうか。

だが、私の正直な感想を言ってしまうと、樹海でコンパスが使えたことは非常に残念でならない。やはりグルグルと豪快に回ってほしかった……。

貴重な自然が残る原生林「青木ヶ原樹海」。その環境を維持するためにも、人々の侵入を寄せ付けないような伝説が必要なのかもしれない。

古代、山の神々が守ってきた森を、現代では磁鉄鉱を含む溶岩がその役割を引き継ぎ、コンパスを狂わせ、人々の侵入を防いでいるとしたらどうだろう。

むろん、我々も樹海のすべてを探索したわけではない。

もしかしたら、本当にコンパスの利かないゾーンが存在する可能性は十分あり得る。

それに、コンパスが使えるからといって、樹海が迷いやすく危険な場所であることに変わりはない。

間違っても、コンパス一つで樹海の内部に入るようなことをしてはならない。肝に銘じて欲しい。

樹海は本当に一度入ると出られないのか？

「樹海の中に足を踏み入れたら最後、二度と外には戻れない」

よく聞く話だが、本当なのだろうか？

実際のところは、私自身こうして樹海内部より生還し、本書を執筆しているわけなので、多くの樹海伝説の一つに過ぎないのだが、あながち嘘と言えない部分もある。

例えば目隠しをされ、ＧＰＳはもちろんコンパスなども与えられずに樹海内部へ連れて行かれ、三〇メートル程度入った所で五、六回ほど回転させられたとしよう。

これだけでも遭難は間違いない。

最悪の場合、生きて外に戻れなくなる可能性さえありうる。

「そんな大袈裟な！」

と思われるかもしれないが、皆さんの想像以上に、何も持たずに樹海内で方角を見定めるのは至難の業なのである。

樹海内部では三六〇度が同じような樹々に囲まれ、方向感覚は瞬く間に失われる。出口とは逆に奥へ奥へと進んでしまったり、同じ場所をぐるぐる回ってしまうということは、たとえ装備を完全にしていても起こりうることなのである。

また、樹海の内部は皆さんがいつも歩いているような舗装された地面ではない。無数に聳《そび》え立つ樹々、歩行困難なほどの藪、そして数メートルごとに延々と続く起伏――。

普通の道を歩くよりも五～一〇倍の時間がかかり、体力も削がれる。もはや、あと三〇〇メートルが絶望的な遠距離なのである。

それだけ進むのに一時間近くかかるだろう。

そのため、生還できる可能性は高いが「一度入ると出られない」ことも事実として十分あり得る。

樹海内でスマートフォン（携帯電話）は使えるのか？

アナログ通信の時代、携帯電話は電波の強弱の関係で、受信はできるが送信が届かないという状態が多くあった。国道や県道沿いの一部や、氷穴や風穴、蝙蝠《こうもり》穴など観光施設の周辺程度しか使用できなかったものである。

現在はデジタル化し、微弱でも電波が入っていれば問題なく会話は可能だ。

しかし、無数の樹木や地面の大きな起伏に遮られるので、携帯電話に依存しすぎることは危険である。

反面「こんな奥地でも使えるの？」という印象もあり、使用可能なエリアが安定しない。勿論、キャリアの差もあるのだろうが。

一番危険なのは、事故による怪我などで自身の歩行が不能になった、もしくは、迷ってしまい樹海から出られなくなった、などの際に「携帯で救助を依頼すればいいや」という、安易な考えである。

大きな窪地に落ちた場合、周りは巨大な溶岩石に取り囲まれて電波は遮断されるだろうし、内部を彷徨った挙句、自身の位置さえわからなければ、見つけてもらう前に命が尽きてしまうかもしれない。

なので、携帯電話は「使えたら便利である」程度の認識にしておいた方がいい。

樹海内で心霊現象はあるのか？

樹海の怪奇譚で有名なのは「赤いドレスの女」である。

樹海から出られなくなった男性が、数日間彷徨《さまよ》い歩く。

その中で赤いドレスを着た美女と出会い、行動を共にしているうちに恋愛感情を持つようになり、やがて男と女の関係に。

しかし彼が発見された際には、そんな女性はいなかった——というあらすじだ。

森の中で孤独に耐え切れなくなった心が作り出した幻影？　といったオチである。

では、筆者が体験した心霊現象と思われる事例を紹介しよう。

赤ちゃんの泣き声

樹海の内部を歩いていると突然、遠くから断続的に赤ちゃんの声が聞こえてくる。

同行者も信じられないという表情をしている。

早速、邪魔な樹々を避け、沢山の起伏を乗り越えて、声の聞こえる方向へ向かう。

なんとか辿り着くと、遥か頭上から泣き声が……。

見上げるとそこには赤ちゃんはおらず、太い樹の枝同士が擦れて、まるで泣き声のような音を発していた。

ちなみに、先入観なしで聞いても、見事に泣き声に聞こえるほどの音であったことを付け加えておこう。

流れてくる読経

樹海内部に張り巡らされた、現在では使われなくなった歩道を、目的地へ向かい数人で移動していた時であった。

森の中から読経の声が響いてきた。

それは遠くから聞こえるようであり、近くから聞こえるようでもある。

こもった低い声が、左から右へとゆっくりと移動する。

不気味に響く読経の声に更に耳をすます。

「オンオンオーン……」

「フォンフォンフォー……」

遠くの県道を走る改造車両の排気音である。

その音が、巨大な樹木や溶岩石の起伏に遮られ強弱が付き、まるで人がお経を読んでいる声に聞こえる。

正体がわかるとそれ以後は、似てはいるが確かに改造マフラーからの排気音だと認識できるようになった。

呪われた祭壇

樹海の中に「団地」と呼ばれるエリアがあることは先述した。あまりにも遺体が発見されるため、そう呼ばれているのだが、その中に「祭壇」と呼ばれる太い樹木が立っている。

樹の幹に巻かれたロープに、黒と黄色のトラロープが何本も垂れ下がっていてかなり目立つ。樹の根本には、壊れた眼鏡やいくつかの遺留品。

そして、人間の物と思われる苔むした大腿骨が傍らに放置されている。

ある雨の強い日に、我々は樹海へと潜った。

二時間も経たないうちに雨は更に強さを増し、下着まで完全に濡れてしまった。「祭壇」あたりにいた我々は、危険を感じて近くの遊歩道に撤収することにした。

分厚い雲によりＧＰＳの信号は弱まり、現在地を表示できないので、コンパスを使い慎重に歩く。

途中の樹々や起伏で真っ直ぐに歩けないが、方向を見失わないように方位を度々確認する。

二〇分くらい歩いただろうか？　そろそろ遊歩道に到着してもおかしくないはずだ。

周りを見渡し、道を探す。

しかし、そこに発見したのは、先ほど出発した「祭壇」……。

コンパスの針が揺れたり回ったりなどしたことは一切なく、間違いなく遊歩道方向へ移動したはずだ。

その後、この現象を二回ほど繰り返す。

「このまま森から出られないいんじゃないか？」

そんな恐怖が心を黒く覆う。

日没の時間がゆっくりと、我々に追いついてくる。

雲が少しだけ薄くなり、明るさが増した。

ＧＰＳが信号を受信して現在位置を示したところで、微弱な電波をロストしないよう慎重に進む。

わずか一五分で、眼前には見慣れた歩道が現れた。

これに関しては、原因はわからない。

雨で失われていく体力、迷ったと思う焦り、迫りくる夕闇――コンパスの示す方向へ進んでいるつもりが、少しずつズレが重なってＵターンしてしまったのか？

それとも、人を飲み込み消化してゆく「森」の罠であったのかもしれない。

女性の笑い声

青木ヶ原樹海の最深部で何度かキャンプを行ったことがあるが、これは初めての時の出来事だ。

私自身は数百件にも及ぶ廃墟を巡り、最強の心霊スポットである樹海を探索しているが、心霊的な事象には遭遇したことがなかった。

そのためオカルティックな存在や、まして霊の存在などは一切信じていなかった。

その時のメンバーも、廃墟フリークから募った精鋭六名であった。

一七時を回る頃にはキャンプの設営を終わらせ、眼の前に迫った漆黒の夜に備えた。

樹海の中では高い樹々に覆われ空が見えないため、外界より約一時間早く暗闇が訪れる。

仮眠をとる者、付近を探索する者、早々に夕食の準備をする者――。

各自、高揚感と緊張感を味わいながら、初めての樹海の夕暮れを満喫していた。

「樹海の闇に浸る」ために、寂れた遊歩道を約一キロ踏破し、そこから森の深部へ三〇〇

祭壇の画像。樹の下に眼鏡や人骨の一部が転がっている。大雨の中、どれほど歩いてもここに戻ってきてしまうという怪異に襲われた。

メートルも入ってきたのだ。

外界の音は完全に遮断され、唯一の文明の音は一万メートル上空を飛ぶ旅客機が放つジェット音だけである。

森の奥から染み出る暗闇は、一九時前には完全にキャンプ地を包みこんだ。

簡易テーブルに置かれた電気ランタン、各自が装備する懐中電灯の光のみが強大な闇に小さく抗っていた。

二〇時には簡単な夕食を済ませ、六人でテーブルを囲むと就寝までの談笑を楽しんだ。

明日の探索もあるし、日常から遠く隔離された環境である。飲む者も酒量は嗜む程度に抑えていた。

いたずらにランタンを消してみる。

まるで押入れの中で布団をかぶったような漆黒、平衡感覚さえ失われるほどの暗闇。

樹々の隙間からのぞく天空に月は無く、降るような星だけが冷たい光を弱々しく放っていた。

二一時を少し回った頃である。

富士山の方角へ一〇〇メートル、いや二〇〇メートル先かもしれない。

「キャハハハッ！」

二、三人の若い女性の楽しそうな笑い声が聞こえた。
自分以外の三名が一斉にこちら見る、全員が驚いた表情。

「今の、聞こえましたよね？」

一人が恐る恐る、私に確認を求めた。

我が耳を疑いながらも、私も大きく頷いた。

間違いなく森の更に最深部から、まるではしゃぐような女性の声が聞こえたのだ。

その後、数分間、神経を研ぎ澄ませ、全員でその方向へ注意を払った。

しかし、声はおろか小さな物音さえも、再び聞こえることは無かった。

樹海慣れしたメンバーですら、キャンプから一〇メートルも離れたら心が折れそうな気になる漆黒の樹海最深部。

その闇の中で、女性が楽しそうに遊んでいるとでもいうのか？

しかもこんな夜に？

断言できるが、それこそ自殺行為であり、事故・遭難は免れない。

この事例に関する答えは今もって出ていない。

もしかしたら我々すら到達したことのない「樹海村」から聞こえた声なのかもしれない。

テントを回る足音

『ブレア・ウィッチ・プロジェクト』という一九九九年公開のアメリカ映画をご存知だろうか？　魔女の棲むという伝説の森へ撮影に向かい、恐怖の体験をするといった内容だ。ある意味において青木ヶ原樹海はリアルな「魔女の棲む森」とも言えよう。

ここでも樹海キャンプをした際の不思議な現象を紹介しよう。

その時のキャンプは数名のメンバーで行ったが、もの好きな二名ほどが敢えてソロテントで就寝に及んだ。

勿論、意図的に「恐ろしい体験」を味わうためである。

各自、二二時を過ぎたあたりからそれぞれのテントに引き上げた。

樹海キャンプでは大自然を味わうために、あえて国道や県道から離れ、車の音さえ聞こえない最深部に設営を行う。

闇に眼が慣れたとしても無数の樹木が空を覆うため文字通り漆黒と化し、瞼を閉じても開いても何も変わらない。

恐ろしいほどの静寂に包まれながら、私も二三時を回った頃には夢の世界へと落ちていった。

朝の七時頃、周りの物音で目が覚めた。

昨夜の暗闇が幻かと思えるほど、晴れて明るい樹海。

メンバーのほとんどが起床し、朝食の準備を始め、早い者は既にテントの片付けすら済ませている。

全員が揃って食事を始めながら、その日のスケジュールを確認し終わった時であった。

ソロテントで就寝していたメンバーの一人が言った。

「夜中の三時ぐらいにトイレに行った人いない？」

全員が怪訝な表情をする。

「俺は行ってない」

「自分は行ったけど零時頃かな」

もう一人のソロテントのメンバーも驚いた顔で口を開く。

「俺も聞いた。三時ちょっと過ぎたぐらいに、テントの周りを歩く足音でしょ？」

最初の発言者が大きく頷く。

「そうそう。二、三周テントの周りを歩いてたよ」

しかし誰もその時間、トイレはおろかテントの外に出た者はいない。

「動物だったんじゃないの？」と私が質問を返す。

「いや、明らかに二本足で、靴を履いている足音でしたよ」

テントの周りは勿論、付近にも動物の足跡は残っていない。

「明かりは見えたの？」という問いには二人とも、光は見なかったとのこと。

「狙い通り、恐ろしい体験できてよかったね」

と声をかけるが、当事者たちは困惑した表情のまま片付けを続けた。

今もって、その正体はわからない。

キャンプを見つけて様子を見に来た生者なのか、それともこの世に非ざるモノなのか……？

ただし、あの暗闇で明かりも点けずにテントの周りを歩けたとしたら、生者には難しい行為であろう。

ナイフを持った少年

また違う日の探索時のことである。

早朝で駐車場には我々の車しか停まっていなかった。

鳴沢氷穴から山道へとアクセスし、しばらく歩いていた時のことだ。

四〇分程歩いたところ、山道の奥からこちらへ走ってくる人影があった。

かなりのスピードである。

二〇メートル先まで距離が縮まったところで正体が確認できた。
一三、四歳ぐらいの少年だ。カジュアルな半袖に半ズボン姿である。
どうしてこんな早朝の樹海に少年がいるのであろうか？

そんな疑問を思う間もなく、彼は我々の横をすり抜けていった。

眼も合わせなかったが、その表情には薄笑いを浮かべ、右手には小さなナイフを握っていた。

ちなみに山道周辺に民家などはない。延々と富士山へ向かう道である。

疲労した様子もなく、昨晩から過ごしたような汚れもない。

心の中で祈った。

彼がこの世の者であれば謎が深まる。反面、この世非ざるモノであれば整合性が保てる。

魔の森に棲み着く様々なモノたち――。

この空間では陽の光の中でも魔が通るのかもしれない。

樹海キャンプの様子。誰も来ないほどの奥地で設営したのだが、ここでも説明できない現象に遭遇した。

森の中に捨てられていたバッグの中に入っていたナイフ。助けた志願者も刃物は持っていた――自暴自棄になっている人間に刃物……恐ろしい組み合わせである。

野犬は存在するのか？

樹海都市伝説の中でも有名な話で「樹海に野犬の群れが棲みつき、自殺者を襲う」というものがある。

飼育しきれず持て余した飼い主が、犬を樹海付近に車で連れてきて放してしまう。その捨て犬たちが野犬となり群れと化し、樹海内を縄張りにしているというのだ。

こんな話がある。

自殺志願者の女性が樹海内部を彷徨っているところ、約二〇頭の野犬に襲われた。本来、犬たちは自殺志願者が遺体になるのを待ってから食すのであるが、女性ということもあったのだろうか、我慢できなくなった一頭が女性の足に噛みついた。犬に噛まれたあまりの痛さに、女性は自殺どころではなくなった。樹の枝を振り回し傷だらけになりながらも車道に辿り着き、通りがかりの車に助けられた。

生き延びた女性はその後、二度と自殺など考えなかった――という話だ。

よくできた物語ではあると思うが、真偽はどうなのだろうか？

実際に「野犬の集団」または「野犬」は存在するのか？

結論から言うと、確率はかなり低いと考えられる。

樹海を延べ一〇〇日近く探索した結果は以下である。

・野犬の吠え声など聞いたことがない。
・野犬の物と思われる「糞」を見たことがない。
・野犬の本体を見たこともない。

それでもいるのが当たり前と思い込んでいた我々は、いないことが信じられず更に調査を続行した。

ある時、生の鶏肉を仕掛け、定点カメラで夜間に約九時間×五日間の撮影を行った。

その結果、映っていたのは小型のネズミ（ヒメネズミ）のみだった。

キャンプにおいても、犬の声など聞いたこともない。

おまけに野犬の群れといっても規模がわからない。自殺者の遺体だけではなく他の野生動物を食料にしているとしても、年間七〇～八〇体の人肉で群れを養えるのか？

はなはだ疑問である。

また、猟犬ならともかく、狩りの方法を完全に忘れた（知らない）元飼い犬が野生で生きていけるのか？

そのあたりも考慮すると、野犬が完全にいないとは言い切れないが、群れとなるとほぼいないのではないだろうか。

カラスが見つけた遺体

樹海の最深部で、カラスの姿や鳴き声を聞くことは少ない。

都市部と比較しても、広大な森の中に高カロリーの食料が無いからだと考えられる。

だが、そんな樹海でも時として高カロリーなタンパク質が供給されることもある。

その日、我々は太陽が頂点へ昇った頃、「団地」から山道へ向かう経路の最深部を歩いていた。

数十メートル離れた位置から、カラスの鳴き声が聞こえる。

明らかに二羽のカラスが、会話をしているような断続的な鳴き声だ。

最深部でカラスの声は珍しいために、向かってみることにした。

かなり歩きにくい地形であったが、数秒毎に声が聞こえるため、位置を特定するのはそれほど困難ではなかった。

一〇分程歩いた頃、目的地と予測できる位置までたどり着いた。

人間の気配を感じたのか、カラスはもう声は出していない。

カラスを探すため周囲を見渡す。

目に入ったのは、一〇メートル程先に見える枝からさがったロープである。

急いでロープの場所まで向かった。

そこには地面に横たわる、大柄な男性の遺体があった。

完全な白骨になる少し手前の状態で、骨の所々に肉が付着している状態だ。

当然、地面に落下しているので、頭部は体から分離している。

カラスたちは樹の上からこの「肉」を見ながら、食べられるか？　の相談をしていたように思えた。

この推測が必ずしも正しいとは限らない。

しかし、樹海の最深部という秘境では、このような推測がリアルに感じられる。

青木ヶ原樹海、様々な意味で深い森だなと痛感した。

まぼろしの道を探せ！

公式な地図を見る限り、樹海内にはごくわずかにしか遊歩道はないことになっている。

例えば「東海自然歩道」「大和田林道」、そして「精進口登山道」などだ。

しかし実際には、それらの遊歩道から分岐してさまざまな、かつての道が樹海の内部には存在するのだ。

もはや使われなくなり、数十年は経過したであろう「炭焼用の運搬路」。

富士山の五合目まで車道が整備されたことにより、使われなくなった富士詣の「参道」。

それらの多くにはすでに樹々が繁茂し、もはや樹海の一部と化している。

だが、樹々に覆われていてもかつては道だったことから起伏は少なく、一応は道の体裁を保っているため方角を間違えることもない。

我々は、国土地理院の地図（一／二万五〇〇〇）にも記載されていない、それら「まぼろしの道」を探索・調査し、今後の樹海内部探索の基準線にするため地図を作成することにした。

まず、地図作成ソフトから国道、県道などの車道を、そして冒頭で述べた公式な遊歩道や散策路を線画し、それをGPSにダウンロードする。その後は公式の遊歩道から徒歩で「まぼろしの道」を歩き探索し、その軌跡をGPSにログを取る。

それを地図作成ソフト上で線画する。これを繰り返すことにより、約半年ほどかかったが、ほぼ完璧な樹海マップを完成させることができた。

これにより、樹海探部へ分け入った場合でも、すぐに近くの遊歩道に抜けて帰路につくことができるようになった。

また遊歩道から遊歩道へと、樹海の内部を横断、縦断することもできる。

何かトラブルが生じた場合（または遺体を発見してしまった場合などでも）瞬時にして、GPSで最も近い遊歩道を探し出し生還することができる。

要は「北の国道を目指し数百メートル歩いたが、実は反対側の十数メートル先に遊歩道があった」などの、無駄な動きを避けることができるようになったわけである。

完成したマップの略図（P10参照）を見ていただければわかるが、樹海内部にも多くの遊歩道が縦横無尽に走っている。

しかし中には、入り口はきちんとした遊歩道になっているが奥に進むにつれ細くなり、最後はそれが遊歩道なのかわからなくなり、終わってしまう道もある。
そういった古びた道のたいていは、道の上に立ってよく見た場合は樹木の立ち加減から
それが道であるとなんとか認識できるものの、道に対して直角にアプローチした場合はそ
れが道と気付かずに横断してしまうものである。
そのため、マップ作成が最優先課題であったのだ。
そしてマップの完成にともない、樹海に対する恐怖もかなり軽減され、その後の探索効
率が飛躍的に向上したのである。

それら「まぼろしの道」を実際に歩いてみてわかったことについて述べてみたい。
共通する特徴が、以下の通りである。

①すでに、道のいたる所に樹木が生い茂っている。
②起伏が少なく、かなり平坦な道になっている。
③大きな谷となっている場所は、たいてい左右が溶岩石により石垣状になっている。人
工の道に間違いない。
④道幅はおおよそ二メートルぐらいである。

そして、それら「まぼろしの道」の一つに興味深い発見があった。道の分岐に「㊎」と刻まれた石標が立っていたのだ。さらに樹海の最深部にかかわらず、二メートル四方のトタン板が朽ちて放置されていた。その他、一斗缶も数個放置されていた。

かつてこの道は何に使われていたのだろうか？　以上の特徴をふまえて考えてみよう。

仮説一：馬車による氷の運搬

製氷機が出現する近代まで、人工的に氷を造り出す方法がなかった。

それ以前の記録によれば、富士樹海内の氷穴などから天然の氷を切り出し、それを運び出し使用していたようである。

国道が整備されていなかった明治時代には、樹海内より目的地までの最短距離で道が作られ、馬車もしくは牛車、人力車により氷が運搬された可能性も高い。

石標にある「㊎」というのは、その氷業者の社名ではないだろうか？　トタンの板も、馬の水飲み場、または人夫の休憩所だった可能性が高い。

幅が二メートル近くあるのは、馬車などの車両が通るためと考えれば合点がいく。人間専用の道ならば、幅が一メートルもあれば十分のように思われるからだ。

（明治一六年に東京製氷（株）ができ、人造氷の生産量が増大し、樹海での氷の切り出し

が終了したと思われる）

仮説二：宗教的な意味合いを持つ利用

「富士詣」や「富士講」の道標や石碑がある。「詣」という文字から、なにかしら宗教的な意味合いを持った参道の可能性も考えたが、当初の探索ではその事実確認はできていなかった。

その後の探索で「㊎」と刻まれた石標の分岐をたどってみたところ、精進口登山道に出る、富士山信仰のための参道であった可能性が高い。

道幅が二メートルもあることについても、裕福な人は馬車や牛車で行ける所まで行ったとも考えられる。

おそらく、現在アスファルトで途中まで舗装されている精進口登山道も、かつては「まぼろしの道」と同等の規模しかなかったのではないだろうか。

若干根拠が弱いが、現状では私は「まぼろしの道」は参道としての利用が主であったと考えている。

樹海最大のミステリー

長年にわたり樹海を探索し続け、さまざまな不可解なものを見てきた。

しかし、これから述べる出来事ほど謎めいたことはなかった。今までの取材で蓄積してきた知識を総動員して考えてみても、謎は深まるばかりである。

ある年のことである。

新たなる「まぼろしの道」を探すため、国道に沿った東海自然歩道を東から西へと歩いていた時、左手に見えた案内板の裏に道らしき空間を発見した。

すぐさまGPSのログ取得機能をオンに切り替え、その空間に入り込んでいく。

一〇〇メートルくらい歩いただろうか。歩道から二、三メートル離れた樹海内にレジャーシートが広げられ、その上にいろいろな物が散乱している。

早速、近寄って調べてみると、洋服、ズボン、年輩の男性が履くような靴が散らばり、バッグの中には爪切りなどの小物が残っていた。

これくらいの遺留品は特にめずらしくもない。

その他にもキヤノン製のコンパクトデジカメ、樹海関係のホームページをプリントアウトしたファイル。

そのファイルの日付はちょうど一年前のものだった。

これだけ遺留品がそろうということは近くには遺体があるはずと思い、周囲を探索してみた。しかし遺体は発見できず。

もう一度その場をよく確認すると、レジャーシートの真横にある樹の枝にロープが結びつけられていた。

ロープを観察してみると、それは間違いなく「自殺に使用した」ロープであった。

余談だが、いたずら目的や実際には使用されなかったロープは全体的に白くきれいなままなのだが、本当に使用したロープは首を吊るために輪になった下側の半分が人間の体液や脂によりドス黒く変色するのである。

見つけたロープにはその黒いシミがあったのだ。

ロープ真下のレジャーシートおよび周辺をさらに調べ直してみると、溶岩石にはこびり付いた髪の毛、顎の骨、抜け落ちた歯が二、三本落ちていた。

無線で近くにいる仲間を呼び寄せ、改めて三〇分近くも周囲をくまなく調査した。

しかし、遺体はおろか、先ほどの顎以外には骨の一欠片《かけら》も見つからない。ここまで条件がそろった状況で、遺体が見つからないのは初めてである。
そこでいくつか仮説を立ててみた。

仮説一：すでに他の人に発見され、警察に通報したあとの状態
問題点＝警察は身元などを割り出すため、また、その遺体の所持品を遺族に返還するために必ず遺留品を回収する。
しかし、多少の回収漏れならわかるが、デジカメなどを含むこれだけの遺留品を残していくとは考えられない。

仮説二：動物に食べられた、またはどこかに引きずられた
問題点＝例えば熊ほどの大型獣が遺体を遠くに引きずったとしても、ロープに残るシミや顎の骨のことを考えると、頭部と胴体は分離したと思って間違いないだろう。熊がまず胴体を遠くに引きずり、また元の場所に戻って来てあらためて頭部を持って行くとは考えにくい。犬、キツネなどの小型獣が引きずる場合は、足部や腕部など小分けにしか引きずれないために、多少の骨が必ず周囲に残る。

また、熊や小型獣が別々に持ち去ったとしても、顎だけが残るのは不自然である。仮に、動物がその場で直接食べたとしても、大腿骨などの太い骨や、頭蓋骨まで食べてしまうことはあり得ない。

仮説三：人為的な要因による遺体の消失

問題点＝あまり考えたくない仮説ではあるが、一部の「骨マニア」による遺体の持ち去りも考えてみた。

実はこのレジャーシートから二メートルも離れていない場所に、まだ新しいスズランテープが張られていたのだ。スズランテープとは梱包などに使われる一般的なポリエチレン製のテープだが、樹海内で迷わないため目印としてよく使われる。これもまず間違いなく探索目的であろう。それなのにこの場の遺留品を見逃すとは考えられない。

最近雑貨店などでリアルな骸骨の置物が売られているが、もしかしたらサイコな連中の中には、究極のリアリズムを求めて骨を拾いに樹海に来ている者もいるのかも……。

だが、そこまでするのなら、顎の骨だけ残して行くのも不自然である。

仮説四：自殺をためらい、自力で生還した

問題点＝もちろんあり得ない話である。

頭皮が剥がれ、顎の部分が欠落した状態で自力で樹海から生還……。

樹海を探索していて、もしそんな人に出会ったら間違いなく気絶するであろう。

以上が私の考えた仮説だが、どれも決め手になるようなものはない。後日談だが、1カ月後にまたそこに戻ったところ顎の骨も消え去っていた。

これはなにを意味するのだろうか？　さすが最後の秘境である樹海――。

謎に包まれた不思議な空間であることを改めて認識させられた。

実際の首吊り自殺に使用されたロープ。
綿や麻などの自然素材のものは、下半分が
遺体の体液により変色してしまっている。

自殺防止呼びかけ箱、呼びかけ看板

かつて観光地（風穴、氷穴など）から樹海の遊歩道や山道の入口に多量に設置してあった「呼びかけ箱」とは、樹とアクリル板で作られた箱であり、中にはチラシが置かれている。

そのチラシには、自殺を踏みとどまった人の体験談などが書かれている。

「看板」には「命は親から頂いた～」の文面と富士吉田警察署の電話番号が書かれていて、両方とも最後に自殺を思い止める内容で締められている。

これ以外にも、公的な看板ではないいんじゃないか？　と話題になった、サラ金被害者連絡協議会の看板などもあった。

反面、この呼びかけの箱と看板の設置が、予備知識もない普通の観光客に対しても「ここが自殺の名所なんだ……」という先入観を植え付けてしまう結果になっていると考えられ、現在はかなり数が減っている。

詳細なデータはないが、「箱」と「看板」の効果が自殺者の減少に結びつくかと言われれば微妙な感じもするが、当時としては必要な努力だったのだろう。

借金苦による自殺志願者を抑止するための看板であろう。しかし実際の自殺の動機としては、精神的な部分や病気なども多く、効果があるかは不明である。

自殺防止箱。
自殺をやめて生還した人々の手記などが掲載されている。

有名な自殺防止看板。かなりの数が設置されていたが、現在は減っている。最後の一押しを求め樹海にやってきた「志願者」を躊躇させるには必要なのかもしれない。

自殺志願者には遭遇するのか？

結果から先に書くと、生きている志願者に遭遇したことはあるが、その確率はかなり低い。

おそらく自殺体の数から算定すると、四、五日に一名の志願者が樹海を訪れている。我々が一泊二日の行程で樹海に入ったとして、その間に自殺志願者が樹海に訪れる確率は十分あるが、日帰りならその確率は下がる。

志願者が数日間、森で過ごしたとするとやや確率は上がる。

当然我々の気配を察知し隠れてしまったりすると見つけることはできない。

結果、長年にわたり樹海を巡って遭遇した自殺志願者は四名。

その内の三名は、警察へ引き渡し保護してもらった。

それは以下の状況であった。

早朝に、氷穴駐車場から樹海へ泣きながら入って行く男性を目撃。駐車場から歩いて一〇分程度の遊歩道で再び男性を発見。説得してバス停まで送った。

「団地」を探索中、前方で人の気配がしたので音をたてず近づくと、ブルーシートを敷いて寝ている五〇代後半の男性を発見。話を聞くと、仕事を辞めて再就職先を探すが見つからず、生きる希望を失って自殺するために樹海へ入ったとのこと。

現世に戻すのに時間はかかったが、風穴の売店まで連れて行き、温かい蕎麦を食べてもらった。そのあと警察へ引き継いだが、鞄の中にはロープなどの自殺グッズの他に、包丁が入っていた。

西湖側の遊歩道を三〇分程度歩いた分岐のところにあるベンチに初老の男性が座り、お酒を飲んでいた。挨拶をして話しかけると「山登りにきた」との返事。

どう見ても山登りの装備や服装ではない。ましてや登山者は絶対にお酒など飲まない。「自殺を考えてるんじゃないですか？」とやんわりと聞いてみる。すると、やはり自殺目的で樹海に来たとのこと。末期の膵臓癌の診断を受けて生きる気力を無くしたらしい。

荷物の中には、お酒と多量の睡眠薬が入っていた。眠りながら静かに死のうと思ったそうだ。

彼はなんと和歌山県からわざわざ樹海まで来たそうだ。

その後、警察に保護してもらい、和歌山から息子夫婦が迎えにきた。


とある雑誌の取材のため樹海内部でキャンプを行った時のこと。

その時は漫画家の先生や編集者など女性が参加していたため、精進口登山道の途中でキャンプを行った。登山道のすぐ横とはいえ、車などは来られない樹海の奥地だった。

ただし荷物の搬入が楽だったので、テントに加えてタープを張り、いつもよりかなり贅沢なキャンプとなった。

あいにく二一時を過ぎた頃から雨が降り始め、二三時頃には本降りとなった。

事件が起きたのは翌朝のことである。

雨は変わらず降り続き、テントのフライシートを叩き続ける。そんな時、女性の悲鳴が聞こえた。急いでテントから出ると、漫画家の女性がタープの中で、立ちすくんでいる。

前方には、ずぶ濡れの男性が立っている。

寒さで真っ白になったその顔は生気などなく、まるで幽霊のようであった。

男性三名で取り囲むと「助けてください」と、か細い声で懇願してきた。

とりあえずタオルを渡し、タープの中の椅子に座らせ温かい飲み物を与えて話を聞く。

昨日、樹海に入り自殺をしようと思ったが、勇気がなく死ねなかった。夜に雨が降ってきて、戻ろうにも暗いため小さな樹の根の穴で夜を過ごした。朝になり現世に帰ろうとしたが、方向がわからず遭難。彷徨っているうちに我々のキャンプを発見したという。

北関東の鉄道会社に勤めている彼は、同僚であり親友でもあった男に彼女を取られてしまい、その失恋のショックで樹海へ入ったとのこと。

余った洋服を渡し着替えてもらった上に、朝食を提供して国道まで送る。

警察に保護してもらった際には笑顔が出るまでに元気になったようだったが、お礼も言わずパトカーに乗り込む――。

そんな彼に対して漫画家の先生は「いや素晴らしいネタを提供してもらったんで良かった」とのプロの発言。

結果は良かったが、我々のキャンプが無かったらどうなっていたかと想像すると、恐ろしい話でもあった。

樹海の必見スポット

マリア像、観音像

樹海の内部に、謎の像が設置してある。高さ五〇センチメートル程度の白く表面に光沢があるセラミックのような素材だ。

赤ちゃんを胸に抱き「命尊」と書かれたマリア像。手を胸の前で合わせ「命大切」と書かれた観音像。風穴から樹海内部に入った森に、それらがバラバラに数体設置してある。

所説あるが、マリア像は二、三体、観音像も同じく二、三体存在するといわれる。

樹海観音像。
命大切と書かれている。白いのでかなり目立つ。
恐らく宗教団体関係者が設置したと思われる。

発見当時に木製の雨よけが付帯した像もあったが、数年で朽ちてしまった。恐らく、自殺を抑止するため宗教関係のボランティアが置いたものだろうが、詳細は不明。

ただ残念なことに、あまりにも国道から距離が近いため、さすがにここで命を絶つ人はいない。もう少し奥でないと効果はなかったのではなかろうか。

溶岩の海

本栖湖寄りの森を探索していた時だった。

樹海の内部はほぼ完ぺきに樹木で覆われているが、薄暗い樹海の内部に明るく開けた場所を発見した。

なんと樹木はおろか植物がほとんど生えていない、剥き出しの溶岩の地形が存在したのだ。およそ幅五〇メートル、長さ一〇〇メートル程度だろうか。

不思議な光景である。

溶岩の海。薄暗い森の中で突如現れる不毛地帯。本当の原因は解明できていないが、かつて樹海を流れていた川の跡だった場所かもしれない。

勿論、原因は不明だが、その昔、硫化水素が噴き出したためなのかなどの仮説を立てた。その後も、二ヵ所このような「溶岩の海」を発見しマップに登録したところ、その位置が本栖湖から西湖への直線に並んだ。

昭和四九年に書かれた『富士霊異記』によると、明治時代には川があり滝が二ヵ所あったそうだ。もしかするとその地形は、かつて水が流れたあとのため、植物が生えていなかったのかもしれない。

三〇〇年で二センチメートルほどしか土が積もらなかった場所なので、十分ありえるのかもしれない。

本栖湖から西湖まで川が流れ、樹海の内部を落ちる滝。

そんな光景を見てみたかった、と思わせる風景である。

遺書の樹

斜めに突き出た枝にはロープが結びつけられ、その太い幹には刃物を使って遺書が刻み込まれていた。遺書の文面は以下の通りである。

このように、幹に刃物で遺書が書かれている。現在は
殆ど文字が判別できないぐらいに樹は回復している。

「発見者の方お手数をおかけして真に申しわけありません。

自分の意志です。

創造主の身本の元に帰します。

決して誰の責任でもありません。

大木にキズをつけてごめんなさい
がんばって強く成長しますように私を糧にして下さい。

今の私にはそれしかしてあげることが出来ません」（原文ママ）

現在はかなり劣化して判別が難しくなっているが、自殺のリアルさが伝わる場所である。

地蔵　一

樹海で「団地」と呼ばれる自殺者が多いエリアの奥で発見した地蔵。

卒塔婆、お供え物の残骸とともに苔むした一足の靴がうち捨てられていた。

高さ50センチほどだろうか。かなりしっかりと設置してあった。

地蔵の足下には、ステンレスの板がコンクリートで固定されていて、かなり頑丈に作られていた。また、遊歩道からここの場所までに短く切ったトラロープが点々と結ばれて目印になっている。

かつて誰かがここで命を絶ち、その親族や友人が設置し定期的にお参りに来ているようであった。

ちなみに、法律的には樹海内部に構造物を建てるのは違法である。

地蔵　二

「団地」から山道へ抜けるかなり奥地で二つ目の地蔵を発見した。

大きな樹木の根元に二〇センチメートル程度の地蔵が置かれていて、それを囲むように五センチメートルの地蔵数体が散乱する。

燭台も設置してあるので、ここも弔いの場所なのかもし

蝋燭立てや、小さな地蔵がいくつも樹の根元に供えてあった。

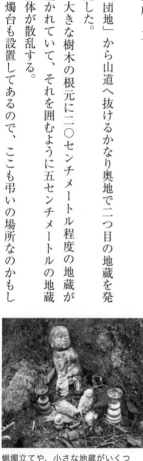

れない。

GPS無しでここに辿り着くにはかなり困難を伴ったはずだが、よほど設置者の思いが強かったのだろう。

巨大ジャングルジム

県道から自殺者の多い「Xゾーン」と呼ばれるエリアの反対の森に入ると、忽然とジャングルジムのような構造物が現れる。公園のジャングルジムのような形こそしているが、遥かに大きく、長い鉄パイプをジョイントして格子状につなげている。

上部はかなり高い樹の上に出ているので、高さは一五メートル近いかもしれない。

幾つかの計測機器が取り付けられていることから、学術調査的な設備であると思われるが本当の正体は不明である。

ジャングルジム最上部より。
樹木よりも高い位置まで上がれる。15 メートル以上あるかもしれない。

この巨大な人工建造物は学術的な調査の施設のようだが、詳細は不明である。

謎のお堂

精進口登山道沿いにある謎のお堂。木造で二メートルほどある。しっかりした造りのお堂だが、中の祭壇には何も祀られていなかった。

近年、劣化が酷く再建したとしても、湿気の多い樹海内部ではまたすぐに朽ちてしまうだろう。

謎のお堂。現在はかなり崩壊が進んでいるが、有志により修繕も計画されているそうだ。

巨大溶岩石の石柱

遊歩道上に横たわる、溶岩石を固めて作った巨大な石柱。

高さ五メートル、横幅四メートルはあるだろう。

ちょうど道を塞ぐように横たわっており、この石柱のせいで車両が乗り入れられなくなっている。

この道の先には、昭和四年にカラマツ二三〇〇本が植樹された一ヘクタールにおよぶ造林地があるため、樹木を盗難から防ぐために置いたのではないだろうか。

武田信玄の石塁

高さ一、二メートル、長さ約二キロメートルという大きさで、コの字型に築かれた溶岩石でできた石塁。現在のところ武田信玄が今川勢に対抗した際の最前線基地と一応はされているが、文献等は発見されておらず真相は解明されていない。

変わったところでは、六四〇〇年前に栄えた超古代文明「富士王朝」の遺跡の一部ではないかという説もある。

巨大溶岩石の石柱。
盗難防止柵的な意味もあるが、自殺者の供養台として献花やお供えが置いてある。

石塁が樹海内部にかなりの長さで、造られている。信玄の石塁は推測であり、実際の正体や用途は不明であるらしい。

武田信玄石塁の入り口。

青木ヶ原〝呪界〟考

住倉カオス

〝樹海〟一度足を踏み入れたならば、二度と現世に戻ることはかなわぬ〝呪界〟

富士山の北西に広がる「青木ヶ原」にそんなイメージが付いたのは松本清張の小説『波の塔』で取り上げられたためだと言われている。

その後も鶴見済の著書『完全自殺マニュアル』に取り上げられ、実際にこの本を持参した自殺者の遺体が樹海の中で見つかったりもしている。

「自殺の名所」そんな不名誉なレッテルが貼られては地元も迷惑であろう。

実際に数年前まで周辺自治体・警察が定期的に樹海内を捜索して年間七〜八〇体近い遺体を収容・供養しており、その経費は自治体の予算を圧迫しているとも聞く。

だが、本当にベストセラーの影響だけで、人は青木ヶ原での死を選ぶのだろうか？

樹海にまとわりつく「魔」のイメージは根拠のないものなのだろうか？

雑誌社に勤めていた二〇年ほど前から樹海に足を踏み入れる機会が度々あった。

「樹海には果たしてどんな野生動物がいるのか？　罠を仕掛けてその姿を激写」

「樹海にある謎の〝巨大ジャングルジム〟を発見せよ！」

「草木が一本も生えぬ〝死の川〟を探れ!!」

ネタに困るたびに樹海での撮影取材が行われた。

なかには「樹海で捕まえた食材だけで闇鍋をする」などという一見ふざけた取材も行ったが、おかげで樹海の生態系に多少詳しくなったりもした。思い出深いといえば「三億円強奪事件の金の隠し場所は樹海だった⁉」という企画もあり、三億円事件の真犯人は三島由紀夫とも関係が深く、その関係者の証言で資金の一部が樹海の中の洞窟に隠されている。その資金を実際に捜索する！　という企画だった。

情報は都市伝説的な眉唾《まゆつば》な部分もあったが、樹海内に突如現れた風穴群の地面に、目印に残されたという赤い糸を見つけたときは取材陣一同が色めきたった。

結局三億円は見つからなかったのだが……。

そんな取材の中で実際に「自殺者の遺体を探す」という企画が当然ながら持ち上がった。

だがその場合、樹海の最深部に入らなければならない。方向感覚をすぐに見失う樹海内では捜索のはずが下手をするとこちらが遭難しかねない。

そこで樹海のエキスパートとも呼ぶべき人物に案内人をお願いすることになった。

それが栗原亨氏である。廃墟探検家であり「樹海の歩き方」という著書で、噂や憶測の多い樹海について冷静な観察眼と豊富な知識で分析している、これ以上ない案内人だ。

彼の案内で僕ら編集部は二チームに別れ捜索を開始した。樹海での靴の選び方、足の運び方のレクチャーを受けつつ、溶岩でゴツゴツとした樹海の深部に歩を進める。

すると数十分後トランシーバーが鳴った。

「発見しました！　場所は……の五〇メートル先です！」

もう片方のチームが発見したのだ。僕らはそこに急行することにした。

どこまで行っても同じ風景の樹海内。自分がどこを歩いているか見失うのに五分もかからない。

案内人チームのＧＰＳを頼りに現場に向かう。

「死体はどこにある？　どこにある？」と念じながら。

すると別チームがつけてくれた目印のスズランテープが木から木に伸びていた。

このテープは後に通報したときにも役立つのでまだ回収せず、そのテープに沿って僕らは急いだ。

すると目線の先に急に違和感を覚えた。誰かが立っているのだ。

その誰かはゆらゆらと揺れている。まるでこちらを手招きしているように。

「いた……」

僕がどこに「ある」と思っていた物質であるはずの遺体は、人間としての存在感で「いた」のである。

「人間」と「物」の境界はどこにあるのだろうか？

「生」と「死」の狭間はいつからなのだろうか？

否が応でも樹海はその問いを僕らに突きつけてくる。

その後も多くの不可思議な体験をすることになる樹海との出会いであった。

「青木ヶ原樹海」人間の手つかずの自然が残された日本有数の美しい森であり、日本有数の「呪界」であるのはまぎれもない事実である。

第二部　樹海実話怪談

誘う息

住倉カオス

もしあなたが自殺志願者だとする。そして最期を迎える場所を青木ヶ原樹海と決めたとしよう。そこなら誰にも見つからず、ひっそり死ねるとネットで見たからだ。あなたはバスに乗って樹海の入り口までやって来る。バス停の脇には売店があるが、人目につきたくないあなたはそこには近寄らない。もしあなたが迂闊《うかつ》にも最終バスを選んでいたら運転手から売店に連絡が行き、そこで声を掛けられ目的を達成できないかもしれない。

幸いあなたは誰の注意も惹かずバスを降り、遊歩道を入っていく。

ここからが樹海だ。国道からいきなり深い森に包まれあなたは周りを見渡す。そして入ってすぐのところで大きな看板を目にする。そこには、

「命は親から頂いた大切なもの
もう一度静かに両親や兄弟、
子供のことを考えてみましょう。

一人で悩まずまず相談して下さい。

富士吉田警察署　自殺防止連絡会」

と書いてある。だがあなたは色々考えた末にそこにたどり着いたのだ。他に選択肢はなかった。看板を一瞥《いちべつ》するとさらに奥に入っていく。もしその日が晴れていたなら、木漏れ日が差す森の美しさに驚いたかもしれない。その日が暗ければ、むき出しの溶岩石に絡みつく木の根やあまりにも静かな森に、死を誘われているように感じるかもしれない。

あなたが背負った荷物には、男なら首吊り用のロープ。女なら自殺用の睡眠薬が入っていることだろう。何故だろう？　樹海で発見される遺体は女性なら睡眠薬、男性なら首吊りとはっきり分かれている。女性は死後も美しくありたいと願うから、糞尿を垂れ流し苦悶の表情で死ぬ首吊りを避けるのだろうか？　男性は緩慢《かんまん》に死にゆく睡眠薬を嫌う傾向があるのだろうか？

遊歩道をしばらく歩くとあなたは柵のようなものを見つけた。そこには菓子やジュース、果物、花などが供えられてあり、蟻がたかっている。枯れかけた花を見ながらあなたは、自分と同じようにここに来た見知らぬ自殺志願者の存在を感じる。

「一人じゃないんだ……」

死ぬのはどこでだって一緒のはずだ。だが〝自殺の名所〟という言葉が示すように人間はなぜか同じような場所で死にたがる。投身自殺者の集まる断崖、飛び込み自殺が多い駅のホーム、そして樹海……。死者は呼び合うものなのだろうか？

あなたは遊歩道を脇にずれ、森の奥に入っていくことにする。

一旦遊歩道を外れると樹海の足場は恐ろしく悪い。アップダウンはきつく、苦労して数キロ歩いたつもりでも実は一〇〇メートルも進んでいない。だがすぐに国道の車の音は聞こえなくなる。あなたの荒い息遣いだけが耳に入る。

ふと振り返ると目印にしていたはずの大きな岩はどこかへ消えてしまった。周りを見渡すと同じような木に囲まれている。空は明るいが太陽は一体どちらにあるのだろう？　果たして自分はどの方向から来たのだろう？

「もう二時間近くも歩いている。そろそろ樹海の最深部に来たのではないだろうか？」

あなたはそう思う。だがあなたは緩やかな弧《こ》を描いて同じ場所をぐるぐる回っていたにすぎない。そして遊歩道から実は一五〇メートルほどしか離れていないことに気づいていない。

多くの自殺志願者は永久に見つからないつもりで森の奥を目指していたのだろう。だがほとんどの遺体は遊歩道から二〇〇メートル以内の場所から発見される。

「もうこれ以上は歩けない。そろそろこの辺で良いだろう」とあなたは思う。しかし首吊りに適した枝ぶりの木は全然見つからない。木は高木が多く、とてもロープなど掛けられそうにない。届きそうな枝はまだ細く、体重に耐えられないだろう。

あなたは疲れてしまった。死ぬ前に少し休みたい……。

ふと気づくと少し明るい場所がある。あなたは吸い寄せられるようにそこへと近づく。何だろう？　ここはとても居心地が良い。

大きな倒木があり空が開けているのだ。おそらく薄い地面で根が自重を支えきれずに木が倒れてしまったのだろう。ちょうど地面も平らで体を休められそうだ。

倒木は他の木に寄りかかった状態で斜めに傾いている。そうだ、ここにロープを掛ければ良い。

座り込んだあなたは周りを見渡す。樹海の中はどこも鬱蒼と暗い。そんな中ここだけが光に包まれ、苔《こけ》が緑の絨毯《じゅうたん》のようだ。

とても静かだ。

あなたは思う。

「ここで死のう」

あなたが自殺志願者でなく、遺体の捜索をしているならこのような場所を探すといい。

樹海の中でフッと開けて明るく、なんだか居心地の良いような場所。そんな場所に数体遺体が集まって発見されることもある。


十数年前、僕が初めて見た時もそうだった。

その時のメンバーは六名。三人ずつに分かれてチーム編成し、それぞれに一人ずつ樹海の専門家に付きそってもらい、普段見つけられないような樹海のスポットを巡っていた。

探索開始から二時間、別チームからトランシーバーで連絡があった。

「見つけたっ！」

スピーカーの向こう側の声は明らかに上擦《うわず》っていた。

今回の取材の目的は樹海の不思議スポットであった。何の目的で建てられたか分からないような鉄の建築物、戦国時代の物と思われる石で出来た炭焼窯、謎の宗派の祠などが、実は樹海のそこかしこに残されている。その時の取材ではそんな不思議物件を写真に残そうと思ったのだ。だが専門家に来てもらうということで、それとは別に僕らは〝ある期待〟も密かに持っていた。

トランシーバーでの連絡後、僕らは別チームから指示された場所に向かった。そしてそこには約束通りに目印の赤いスズランテープが残されていた。これを辿れば目的地に着くはずだ。そしてそこにはきっと……。

僕らは赤いテープを追っていく。このテープはもちろんゴミなのだが警察を呼んだ時のためにまだ回収しない。

そして僕らは目を細めながら〝それ〟を探した。

「どこだ？　どこにある？　どこに〝ある〟んだ？」

僕は心の中で呟きながら歩を進めた。そして五〇メートルほど先に違和感を覚え、立ち止まり目を凝らした。

動く物のない森の奥で何かがユラユラと揺れている気がする。

(居たっ！)

次の瞬間僕は心の中でそう叫んだ。〝あった〟ではなく〝居た〟と感じたのだ。モノと思って探していた〝それ〟は姿を現した途端、モノではなく〝人〟としての存在感を放った。とっくにその器から生命を失っていたにもかかわらず、彼は人間として〝居た〟のだ。

遠目からでも彼は強い存在感を放っていた。いや強過ぎだ。果たして彼は本当に死んでいるのか？　よく見ると動いたと感じたのは気のせいではなく、彼は本当にゆっくりとわずかに揺れていた。まるで体全体で「おいでおいで」しているようだ。

僕らはゆっくりと近づいていった。木の幹に掛けられたロープから吊り下がる首吊り遺体。やはり男性である。彼は後ろを向いており、年の頃は五〇くらいに思えた。白髪混じりの頭、グレーの作業着に黒い合皮のジャンパー。森に入った時は寒かったのであろう、首にスカーフを巻き軍手をはめている。スラックスは後ろから見ると失禁した跡が見てとれた。紺色の運動靴はかかとが地面から浮いている。ぶら下がった体はわずかにつま先だけが地面についており、そこを支点にしてゆっくりと左右に揺れているのだ。

横に回ると粘土のような灰色をした首が見えた。そこには枝から吊り下がったロープがめり込み、皮膚が覆いかぶさっていた。首は体の重みでだいぶ伸びている。どうやら木の根を踏み台にしたようだ。首を吊った直後は地面から三十センチくらい浮いていたと思われるが、死後だんだんと首が伸び、つま先がついてしまったようだ。

写真を撮りながら前方に回りこんだその時、強烈なアンモニア臭に頭を殴られたかのような衝撃を受けた。どうやら遺体の風下に回ってしまったようだ。男の顔は皮膚が黒く変色し、唇は乾き表面が割れ口が半開きになっていた。眼球はなくなり眼窩《がんか》は虚《うつ》ろな空洞となっている。カサカサの瞼《まぶた》の痕跡のような物があるだけだ。手はしっかり握られグローブのように膨《ふく》らんでいる。

人間は死後、筋肉が弛緩《しかん》し体の穴という穴から体液を流し出す。筋肉や脂肪も溶け始めグズグズの液状になっていく。だが皮膚は案外強く、しばらく破けないので人間は水風船のように下に体組織が溜まっていく。

やがて皮膚は重みに耐えきれず破け、体液が一気に流れ出す。腐食により首がもげ落ち、転がってしまう。樹海ではネズミや虫などに食されたりもする。

やがて腸内にガスが発生し、たんぱく質は自己融解する。そして最後には骨だけになってしまうのだ。

だが今回見つけた遺体は気温が低かったせいだろう、腐敗は止まって屍蝋《しろう》化していた。皮膚も黒ずんではいたが蝋人形のようにテラテラと表面が光っていた。僕らは彼を囲んでただ黙っていた。

仏教の煩悩《ぼんのう》を消し去る修行に〝九相観《くそうかん》〟というものがあるそうだ。人が死に、腐敗し、獣に食われバラバラになり、骨が燃やされるまでを、ただ見て無常を知るという。

静寂の中、シャッターを切りながら僕は思った。人は死ぬとどこへ行くのだろう？　樹海の場合それははっきりしている。県警の霊安室だ。

数週間後、樹海特集が載った雑誌が出たが評判はなかなか良かった。写真には派手なキャッチコピーがつき、樹海がいかにヤバく特異な場所かを強調していた。樹海に負の部分があるのは確かに事実だ。だが同時に太古の息吹を感じる美しい森でもある。出来上がった記事を見ながら僕はそんな面に触れられていないことが残念だった。だがそんな思いとは別に社内ではちょっとした樹海ブームが起き、いろんな雑誌に僕の撮ってきた写真が使われた。

そんな時、ある雑誌の中堅編集者から連絡があった。見て欲しい物があるそうだ。指定された会議室に向かうと、彼は新聞紙の包みを机の上に置いた。

「これなんだけど、まぁちょっと見てみてよ」

大きさは二十センチくらい、手に取ると中は硬く何かの機械のようだ。包んである新聞紙を解くと年代物のビデオカメラが出てきた。家庭用のハンディカメラだが外装のプラスチックがかなり劣化している。驚いたことにHｉ8という一九九〇年代のテープを使ったビデオカメラである。古い物で僕も久しぶりにお目にかかった。

「これは……?」

「いやさ、最近樹海の記事が受けるからさ、うちでもやろうってことでライターの○○君と先週行ったんだよ。そしたら彼が森の中でそれ見つけてさ」

樹海の中で見つけたビデオカメラ、正直気味が悪いが……。

「それさ、壊れてるよね?」

確かにレンズは水滴で曇って真っ白。金属部分は腐食して茶色に変色している。つけっぱなしのバッテリーは下手に通電すると爆発するかもしれない。これはもう動かすのは無理だろう。

「テープ、見れないかな?」

僕は取り出しのボタンを押した。動かないがロックが外れ蓋が開いた。見ると確かにテープが入っている。一体このテープには何が録画されているのだろう?

「ね、見たいでしょ」

こちらを見透かすように彼はそう言った。


見つけた時、カメラにはビニールがかけてあったそうだ。そのお陰かテープの劣化は思ったほどではない。乾燥剤と一緒に密閉し、丸一日湿気を吸い取らせた。機材屋でHi8のデッキを借りてきて、まずテープを一往復させる。おそらく二十数年ぶりにテープの磁気部分は空気に触れただろう。

テープの破損を警戒してダビングしながら再生する。

「じゃ流すよ」

編集者は喰いいるようにモニター画面を見つめた。

画面いっぱいにノイズが現れ、だんだんと薄くなっていく。それと同時にテープに記録された映像が現れた。


誰かが録画ボタンを押したところらしい。画面がグラグラし、どこかの部屋の天井が映ったが薄暗い。カメラが揺れる。映ったのはデスク、その上に置かれた小さなテレビ、脇にはビールの缶が並んでいる。どうやらどこかのビジネスホテルのようだ。

撮影者はズームボタンを試しているようでテレビに寄ったり引いたりしている。何やらお笑い番組が映っている。音はくぐもっていて聞こえにくい。何の番組か分かれば撮影された日付や場所が分かるかもしれない。

大きく画面がぐらついたと思ったら、カメラは天井の電球を映してピンぼけになった。撮影者はベッドの上にいて寝転がったようだった。

そして撮影者はカメラを自分に向けた。

ズームしたまま自分に向けたせいで画面いっぱいに撮影者の両目が映った。どうやら男だ。生気がなく白目が濁っている。目やにが溜まり、瞳はどこを見ているか分からない。

希望も願望も逃げる気力も失った男がここにいる。なぜか見ていてそう直感した。

ビデオはズームアウトして撮影者の顔全体を映し出した。

年は四〇くらいであろうか。ワイシャツの前がはだけていてだらしがない。ベッドに寝転がり手を伸ばして上から自分を撮影している。薄暗く表情ははっきりしないが、髪は脂《あぶら》ぎり顔が疲れている。酔っているのか少しにやけているが泣き出しそうにも見える。

画面はゆっくりとズームインしていき、男の眼に再び寄っていく。しばらく大写しの眼が映る。

その眼は我々に見られているのを知り、画面越しにこちらを見返しているようだった。

突如画面が揺れ、場面が切り替わった。

録画スイッチを押した男の手が見切れると、場面は森になっていた。間違いない。樹海だ。あの男が画面を覗き込んでいる。そして後ろに下がった。

彼はひと呼吸置いてしゃべりだした。風がマイクに当たっていたせいだろうか、ザラザラとしたノイズで音がこもり何を言っているか分からない。

十秒ほどしゃべっていたが、納得したかのように振り向き、足下にあったリュックを持って画面奥に歩いて行った。後ろには倒木が他の木にもたれかかり、斜めになっていた。

男は倒木の下でリュックからロープを取り出した。白いナイロンロープのようだ。手にロープを持った男は倒木にバランスを取りながら登っていった。木は人間の体重くらいではビクともしないようだ。男は三メートルくらいの高さに登ったかと思うと、幹から生えた太い枝にロープを掛けた。しばらく結ぶ作業をすると下に降り、ロープを引っぱり強度を確かめていたようだ。

僕らは黙ってビデオを見ていたが、ここで一旦編集者に質問を投げかけた。

「これ、警察（に届ける案件）じゃないの？」

僕の問いかけに編集者は答えた。

「そうね。でもまず全部見てみないとね」

僕は再び注意をビデオに戻した。画面にはその後もしばらくロープの準備が映し出されていた。登ったり降りたりしながら淡々と準備をする男。

音は相変わらずノイズが乗っていた。時折プップツ別の雑音が入る。

やがて準備が終わったのだろう、男がカメラの前にやってきた。

画面を見ながら何かしゃべっているが相変わらずノイズで聞き取れない。逆光になっていて顔の表情も見にくい。だが最後の一言は唇の動きで分かった。

「さよなら」

誰へ向けたメッセージだったのだろうか。

彼は幹に登っていった。ロープを手に取ると木の上でしゃがみ、首に縄を掛けた。時折風がマイクに当たって、ブッフォッという雑音が入る。それにまざって、

しゅっしゅっ

というような音が入っている。何の音だろう？

ふと見ると横の編集者は険しい顔をしながら画面に見入っている。額にはじっとり脂汗が浮いていた。

ビデオの中では男が首に何重かに縄を掛け、しゃがんで何かを考え込んでいる。時折顔を上げ何かを見つめ、口を動かしている。声は聞こえないが何かしゃべっているようだ。

独り言？

しゅっしゅっ

虫の声だろうか？　そして樹上の男は大きくうなずき、しゃがんだ姿勢からころんと転がるように、落ちた。

体が大きく伸びる。首を支点にして脚がガクンと左右に跳ね上がった。ロープと首がピーンと張られ、伸びて弾力で戻ったように見えた。一瞬体は暴れたように揺れたがすぐに落ち着き、そしてゆっくりと回り始めた。首の骨が折れたのか、体から意思は感じられない。揺れは少しずつ小さくなり、回転も少しずつ止まっていった。スピーカーからは相

変わらず風がマイクを切るようなノイズが激しかった。

画面越しとはいえ目の前で男が死んだ。

男はどの瞬間までが生きた人間で、どの瞬間から死体と呼ばれる存在となったのだろう？

僕はそんなことを思っていた。

編集者はただ黙って画面を眺め続けていた。テープはその後二十分近く続いていたが、最後まで男の体の回転は完全に止まることはなかった。


「気づいた？」

編集者が先に口を開いた。見ると顔が真っ青になっている。

「何が？」

「言ってたよな？」

何のことか分かっていない僕に、彼はじれったそうに大きな声で言った。

『ちょっと飛び降りる前まで巻き戻してよー」

僕は言われたその場面までビデオを巻き戻した。そして音量を上げた。映像は先ほどの樹上で何かを考え込んでいる男を映している。

「よく聞いて！」

彼は言った。僕は息を殺した。マイクはカメラ自体のモーター音まで拾っているようでジーッという機械音が聞こえてきた。そしてブフォッという風のノイズ。そして……。先ほどは虫の声のように聞こえていた、しゅっしゅっという音が「しぇぇしぇぇ」と言っているような……。

人の声？

「これ？」

編集者はうなずいた。そういえば甲高《かんだか》い男の声のようにも聞こえるが……。

「〝シネシネ〟って言ってるよ」

まさか。僕はもう一度同じ所を再生した。死ね死ね……。なるほど言われると確かにそう聞こえる。むしろ一度意識してしまうとそうとしか聞こえない気がする。痩せた男が耳元で悪意を持って囁いているようだ。「死ね死ね」と。だがこれは風の音のはずだ。

「でさ、最初から最後までずっと笑い声入ってるよな」

「え？　どこに」

「入ってるじゃん。マイクに口あててさ、ずっと誰かが含み笑いしてるよ。ブフフフって」

「これはマイクに風が吹いてる音だろ？」

「お前も樹海行ってるから知ってるだろ？　森の中でこんな風吹いてたか？」

編集者はムキになって言ったが、言われてみれば確かに樹海の中では木々が防風の役割を果たして無風に近い感じだ。

「それにな、これ俺も聞いたんだ……」

彼は声を落とし、こんな話をし始めた。


「ここ、俺らも行ってたんだよ。もちろんその時は遺体なんかなかった。俺らは表紙用に首吊りのイメージ写真を撮ろうとしてたんだ。これから自殺する奴が縄を持って佇んでるようなヤツを。でもさあ全然首吊りが出来そうな木がなくてやっと見つけたのがここでさ」

意外なことを言い出して僕は少し驚いた。あそこでそんな物を撮ろうとしていたのか。

「で木に登ってさ、俺がロープを首に掛けるところを○○君に下で写真撮ってもらおうと思って。もちろんうっかり落ちたら洒落《しゃれ》になんないからさ、実際にはロープは掛けないよ。だけどさ、木に登ってロープを輪っかにして見つめてたらさ、何か頭がボーッとしてきてさ（これ首にかけたら気持ち良いんだろうなぁ）とかさ、そんな風に思えてきてさ、こうスーッと吸い込まれそうになって……」

矢継ぎ早に話し始めた彼に、僕は面食らってしまった。

「本当にイメージ撮るだけのつもりだったんだ。で声が聞こえてくるんだよ。もちろん本当には聞こえてない。あくまで頭ン中だけどさ、なんか、死ね死ねって囁かれてる気がして。でも死ね死ねって言われながら笑い声が聞こえてて、だんだん頭がボーッとしてきて」

にわかには信じがたい話である。

「そしたら○○君が下から、これ見てください。ビデオカメラが落ちてますよ！　って声かけてくれて。そしたら急に我に返ってさ。ゾッとしたよ。実際は十秒位だったと思うんだけど、なんかズーっとそこに立ってた気がした」

「そんなことしてたのか……。わざわざロープまで準備して……」

「いや、向こうで思いついたからロープは持ってってない」

「じゃあロープは……？」

「あそこに、たまたま……」

二人は黙りこみ、ただビデオカメラを見つめていた。

樹海のフィルム写真

ふうらい牡丹

都内に住むYという友人から聞いた話。

数年前の秋、彼が一人でレンタカーを借りて富士五湖に日帰りドライブをしたときのこと。

フィルムカメラが趣味のYはドライブがてら富士五湖に映る逆さ富士や、有名な精進湖の子抱き富士を撮影できたらと考えていたそうだが、あいにく芳しくない空模様の日で、湖を周遊しても手応えのある富士の写真は撮れなかったそうである。

湖から望む富士の写真はまたの機会にしようと、西湖の近くで車を降り、樹海を歩きながら眺望の良い紅葉台や三湖台を目指すことにした。

樹海を散策しながらシャッターを切っていると、一本目のフィルムを使い終えた。

カメラバッグから新しいフィルムを取り出し、交換しようとカメラを開けたとき、使い終わったフィルムを落として、そのまま見失ったそうだ。

（どこ行った？）と足元を見回すが、一瞬のことなのに何故か見当たらない。木の根の間にでも入ったかと顔を地面に近づけ丹念に探しても、結局フィルムは見つからなかった。

俄然気分は落ち込んで、後ろ髪を引かれながら先に進み、紅葉台や三湖台で撮影して、帰り道も落とした辺りを探してみたがフィルムは見つけられず、そのままドライブに戻って家路に就いた。


翌日のことである。現像に出すためカメラ屋にフィルムを持って行こうとカメラバッグを開けると、落としたはずのフィルムが入っていたという。

「落としたと思ってたらバッグに入ってたってこと？」

苦笑しながら聞くとYは首を振り、

「フィルムが土で汚れていた」

難しい顔でそう答えて、

「でも、ここまでなら自分でも勘違いだと思うんだけど」

と言って、話を続けた。

彼はそのフィルムも一緒に現像に出したらしい。

しかし数日後、現像されたネガと写真を取りに行くと店員から、

「フィルムのうち一本が劣化していたようで出来あがりが変色しております」

そんな断りを入れられ、その場で数枚確認したが、たしかにあの落としたフィルムの写真だけが淡く赤味がかっている。

新品だったのにと首を傾げ、また、失くしたときの状況も思い出し、不思議なこともあるなと考えながら帰宅して写真を見直したが、すぐにその赤味がかった写真とネガを全て捨てたという。

「どうして?」と聞くと、Yは一層難しい表情で理由を答えた。

曰く、フィルムを使い切る直前の樹海の風景を写した一枚にY自身の立ち姿が写っていたからだという。

彩りの森

緒音　百

五十代半ばの原さんが大学時代に体験した話。

若い頃から自然が好きだった原さんは、大学の春休みに富士五湖を巡る旅に出発した。途中、富士の樹海も旅程に入れていた。

樹海には今まで訪れたどの森林とも違う独特の雰囲気があった。千年以上前に一帯を覆った溶岩の上に木々が群生しているのだというから、自然の力強さを感じずにはいられない。平日だからか、辺りに人気《ひとけ》はなく、原さんは樹海をひとりじめしている気分を味わった。

ふと、遠くに木から垂れ下がるなにかが目に入った。リボンのようだ。はっと辺りを見回すと、あちこちの木の枝からリボンがぶら下がっている。赤青黄色。緑ピンクオレンジ。色とりどりのリボンは鮮やかで、風にひらひらと揺れ、木漏れ日にきらきらと光る。自然と人工物の融合が幻想的に感じられた。

立ち止まって眺めていると、奥から、囃子《はやし》の音が聞こえてくる。とんとんとんとんと軽快な太鼓のリズム。しゃんしゃんしゃんしゃんと鈴の音。べんべんべんと弦楽器の音。しゃららららと流れるような楽器の音。ちん、ちん、ちん、と鉦《かね》の音。

三人組の和装の男女が各々の楽器を鳴らしながら練り歩いてくるのだった。どの人も顔を白く塗り、赤い紅を引いている。先頭のひとりは赤色の和傘を差していた。

「ちんどん屋か？　こんな森の中でなぜ？」と頭に浮かんだ疑問に、原さんは自分で答えを出した。

――慰霊かもしれないな。

ここは観光名所でもあるが、自殺の名所でもあると聞く。こんなに美しい森なのに。いや、美しい森だからこそ、なのだろう。

口上や歌声は聞こえず、ただ寡黙に、軽快なリズムが森中に響く。囃子を聞いているうちに原さんは胸があたたかくなった。なんと良い場所なんだろう。ここは極楽だろうか。自分もいずれはここで最期を迎えたいなあ。

ちんどん屋が原さんの前を通り過ぎるとき、先頭のひとりが原さんに顔を向けて小首を傾げた。原さんは嬉しくなって小さく手をあげた。原さんは彼らの姿が見えなくなってもその場から動けず、音楽がまったく聞こえなくなるまで、じっと耳を傾けていたという。

旅の途中で、原さんは色んな人に見たままを話した。しかし誰もそんなもの見たことも聞いたこともないという。

この不思議な体験を絵に描いて残そうとしたこともあったが、どうしても記憶の美しさには勝てず、絵は諦めることにした。時々こうして人に話すことで記憶が薄れないようにしているのだそうだ。

死体探し

乱夢

これは、崇さんが大学時代に体験した話。

シルバーウィークの最中、富士山近くのスタジオ付きの宿に軽音サークルの合宿に来ていた。

練習をして、食事を終え、入浴を終えると大宴会になる。時間が深くなると、怪談好きの後輩が怪談を話し始め、場が盛り上がってきた。

すると、「ここから樹海近いしさ、行ってみたくない?」という声があがり、「死体を見つけにいこう」という話になった。酔っ払い達の戯言《ざれごと》と思っていたが、その場で免許ありでお酒を飲んでいないのは崇さんだけだった。

嫌な予感はしたが、崇さんが渋々車を運転し、一台の乗用車に後輩二人を乗せ、《死体探し》目的で青木ヶ原樹海へ向かうことになった。

駐車場に車を停めたところで、黄色いパーカーを着た見覚えのない女性が突然あらわれ、

「こっち、こっち」と崇さんに手招きをしながら走って行ってしまった。「オイ！　危ないから待って！」そう言いながら遊歩道を追いかけた。

必死で追いかけたが、女性を見失ってしまった。万が一見つからなかったら大変なことになると思った崇さんは、すぐに一緒に来た後輩の一人に携帯から電話をかけた。しかし、電話は繋がらない。

すると、遊歩道から少しずれた所に人影の様なものが見えた。おそるおそる近づくと、切り株の上に座って携帯をいじっている男性が居た。幽霊？　人間？　携帯を触っている幽霊は聞いたことがないので、恐らく人間だろうと推測しながら近づいた。

それは、四十代くらいの作業服を着た男性だった。「すみませーん」と声をかけると、男性が「何やってんの？」と言ってきた。《死体探し》とは言えずに「あの、黄色いパーカーを着た女性来ませんでした？」と崇さんが言うと「あー、あんたも連れてこられたのか？」と言う。

「そいつ、死んでるよ。ほら、そこ」

男性がさらに奥の木々を指差した。崇さんはその場を動かないまま、その男性の後ろを体をずらして凝視した。そこにはミイラ化して形が留まっていない物体と黄色いパーカーが一体になっているのが見えた。

「よくあるんだよ。さっき見つけて警察に電話したところだから、もう帰りな」

と男性に言われ、その場を離れた。

崇さんは遊歩道に戻ったところで、後輩達と遭遇した。後輩は、崇さんが急に走り出したので不思議に思って追いかけたそうだ。そして、仲間の中で黄色いパーカーの女性を見たのは崇さんだけだった。帰り道、誰も《死体探し》の話題はしなかった。

ドラゴンズケイヴ

神沼三平太

昭和六十年。紅葉も深まり始める時期だった。直美さんは、友人たちと合計四人で、夕方から富士五湖方面へ夜のドライブに出かけた。ハンドルは車を出したタモツが握り、助手席にはナビ役としてカズヤが陣取った。後部座席には直美さんとミキコの女性二人が座った。

富士の樹海は当時から自殺の多い場所として有名だったこともあり、当初はそこに寄る予定はなかった。だがカズヤが突然思いついたように、青木ヶ原樹海に行ってみたいと言い出した。しかも、到着する頃には夜中になっているから、肝試しがてら探検してみないかというのだ。

怖いのと帰宅が遅くなるのとで女性二人は嫌がったが、ハンドルを握るタモツがカズヤに賛同した。こうなると運転手権限である。結局男性陣の意向で青木ヶ原樹海を目指すことになった。

だが、観光地として知られている風穴や氷穴であればロードマップにも載っているが、今とは違ってカーナビなどない時代の話だ。肝試しをしようにも、どこを目指せば良いのかも分からず、国道をあてもなくのろのろ走り続けた。

突然、タモツが声を上げた。

「樹海に竜宮って何だ」

運転していると、「竜宮洞穴」と書かれた立て看板が目に入ったらしい。せっかくなので寄っていくかという話になった。とはいえ、車で直接乗りつけられる場所かどうかはわからない。とにかく行ける場所までは車で行くが、そこからは徒歩で樹海へと入ろう。そう決めた。

探検だと盛り上がる男性陣と、シラケ顔の女性陣。当初から樹海へ来る予定はなく、ヘッドライトなどの装備もない。あるのは頼りない光を放つ懐中電灯が三本きりである。

舗装もされていない道に車を駐めると、男性陣は懐中電灯を一本ずつ持って、暗闇へと消えていった。

直美さんとミキコは、真っ暗闇の車中で男性陣の帰りを待つことになった。しかも迂闊《うかつ》なことに、車のキーを持って行かれてしまって、車内の温度は下がる一方だ。

樹海の中は風ひとつなく、窓からを見ても漆黒の暗闇しか見えない。

それだけでも恐怖は増すばかりだった。気をまぎらわせようと、直美さんたちはできるだけ楽しい話を続けようとしていた。

突然、車にバタンッ！　と衝撃があった。

一瞬身をすくめた直後から、窓ガラスをバタバタと叩く音が響き始めた。

音を立てる窓ガラスを見ると、叩いているのは、真っ白い無数の手のひらだ。

「脅かすな、バカ！」

明らかに男性陣の悪戯《いたずら》にしては手のひらの数が多かったが、直美さんにとっては、怪奇現象と認めること自体が怖かった。そこでまずは蹴散らすかのように、思い切りドアを開けた。男性陣が竜宮洞穴とやらで知り合った人たちと、たちの悪い悪戯を仕掛けたのではないか。そんな一抹の期待もあったが、車外には人っ子一人いない。

それどころか、あれだけ騒がしく窓を叩いていた音も一瞬で止み、耳が痛くなるような静寂が広がっている。

「やばいよ。すぐにタモツとカズヤのとこに行った方がいいよ」

ミキコが懐中電灯を片手に、男性陣の名前を叫びながら、樹海の奥へと入っていく。彼女を追いかけて、直美さんも進んでいく。

足元は地面から突き出した太い木の根とごつごつとした溶岩で、なかなか思うように先に進めない。細かく迂回を余儀なくされ、まっすぐ歩いているようでも目標地点からずれてしまう。

早く合流しないと。

気持ちだけが焦る。ミキコから懐中電灯を受け取り、何度も足首を捻りそうになりながら進んでいくと、すぐ後ろを歩いていたはずのミキコが、少し離れた所から大声で直美さんのことを呼んだ。

「直美待って！　助けてよ！」

いつの間にそんなに遅れたんだろう。声の方向を懐中電灯で照らす。すると、ミキコの足首に木の根が絡みついて動けなくなっていた。

そうなると、今しがたまで、すぐ後ろで息を荒くしていたのは誰なのか。

だが、今はそんなことを言っている場合ではない。慌ててミキコのところまで戻り、絡まった根を取ろうと手を伸ばした。しかし、掴んだ根が逆に手に絡んでくる。

懐中電灯で照らすと、それは腐りかけた人の手のようだった。

直美さんは声も出せないまま、その手を振り解こうともがいた。

すると、先程のミキコの声に気づいたのか、タモツが戻ってきてくれた。

彼はミキコの足元を見てびっくりすると、絡みついてくる手を一緒に振り払ってくれた。なんとかその場から逃げることができたので、少し離れた場所から懐中電灯で照らした。もう手は消えていた。

障害となるものは消えたが、戻るのも進むのも怖い。特にミキコは今すぐにでも泣き出しそうな顔をしている。

とにかく全員合流しようと彼女を励まし、三人は更に先へと進んだ。

暫くすると、先の方で灯りがチラチラしている。カズヤに違いない。

大声で彼の名前を呼ぶと、懐中電灯を振って応えてくれた。

合流して、ここまでに起きた内容を話すと、怖がっているから、ただの木の根が人の手に見えたんだと、一笑に付された。

もう怖いから帰ろうと、ミキコは何度も訴えたが、カズヤは全く受け入れる気はないようだった。目的はあくまでも竜宮洞穴だと言って聞かない。

そうなると今更別々に車まで戻るのも怖いし、カズヤだけ放っておくのも危険だろう。そうタモツに言い含められて、ミキコも渋々納得したようだった。

結果として、四人揃って洞窟まで進むことにした。

程なくして、竜宮洞穴に辿り着いた。

考えていたよりも大きく、深い穴だった。周囲にはしめ縄が掛かっており、中を覗くと何かを祀る祠があり、花も供えられている。

誰かが手入れをしているのだろう。

その時、直美さんは突然穴の奥から何かに見つめられているような違和感を覚えた。

途端に、心が後悔で一杯になった。

最初にカズヤが肝試しと言い始めた時に、しっかり反対しておけばよかった。

興味本位でここへ来たこと自体が間違いだったのだ。

きちんと謝らなければ。許してもらえるかはわからないけれど。

「ごめんなさい。荒らさず帰りますのでどうぞお許し下さい」

大きく開いた穴に向かって、じっと手を合わせた。

気がつくと、ミキコも横で手を合わせていた。

手を合わせていると、男性陣がやってきた。

「これ、下りられるのかなぁ」

「たぶん下りられるんだと思うんだけど、暗くてよくわかんねぇなぁ」

「怪我する前に帰ろうよ」

女性陣は今すぐにでも帰りたいという顔を見せたが、カズヤはせっかくここまで来たのだから、下りられるまで帰りたくないと口を尖らせた。

だだを捏ねるカズヤに困惑していると、タモツが助け舟を出してくれた。

「いいよ、もう帰ろうぜ。車も心配だし」

きっと、一緒にあの腐った手を見たことも関係しているのだろう。


四人が車へ戻ろうと背を向けると、穴の奥から銅鑼《どら》か鐘でも叩いたのかという激しい音が響いた。四人とも思わず振り返った。

穴を覗くと、洞穴の奥から白い煙のようなものが、長い尾を引きながら勢いよく飛び出してきた。

突然のことに、怖いというよりも呆気にとられた。

「あれ何？」

「龍だ！　すげぇ！」

確かに龍に見えた。そういえばここは竜宮洞穴。きっと本当に竜の棲む場所なのだ。

その龍の様な白い煙は、闇の中を滑るように樹海の奥へと消えていった。

四人は興奮冷めやらぬまま、来た道を戻り始めた。

先頭はカズヤだ。

彼は軽やかに進んでいくが、先ほど手に襲われた三人は、足元を照らしながら、慎重に慎重に歩を進めていく。

最後尾を歩く直美さんも、往路のことを思い出して緊張し、不安を抱えながらついていく。

車まで半分程度のところまで来た時に、不意に先行するカズヤが転んだ。

意外なカズヤの絶叫に、三人の身がすくむ。

彼は足をばたつかせ、暗闇で何かを必死に振り払おうとしている。

「あの手だ！」

直美さんとタモツが何度も転びながらカズヤの元に駆け付けた。

ミキコの時とは比べ物にならない数の手が地面から突き出して行く手を阻んでいる。

ひらひらと動くのは、腐りかけの手そのものだ。

先ほどはバカにした顔を隠さなかったカズヤも、その手に足首を掴まれて立つこともできずにいる。強張った顔で、何だよこれと大声で繰り返すばかりだった。

タモツがカズヤの足首を掴む手を踏みつけた。その隙にカズヤも立ち上がった。

四人で手を繋いで一列になった。

「絶対に手を離すなよ。あの手は踏みつぶしていいからとにかく車まで進め」

そのタモツの言葉に、指を狙って思い切り踏みつける。

ごきり。ぐきり。

踏み潰すたびに束ねたセロリか、アスパラガスか何かを折った時のような衝撃が足裏から響いた。吐き気がしたが進むしかない。


車まで戻り、転がるようにして乗り込んだ。四人とも泥だらけだ。

エンジンを掛けるまでの間、追いかけてきた手は、車のボディと言わず窓と言わず、次々に激しく叩き始めた。車が走り出しても、国道へ出るまでは、その手は車にしがみついていた。

国道をしばらく走っていると、自動販売機の並んでいる場所があった。その脇に車を停めて飲み物を買いに外に出た。

光に照らされた車体には、無数の手の痕が残っていた。

誰も声が出せなかったが、しばらくしてタモツがつぶやいた。

「俺、帰ったら一番いいコースで洗車するわ」

既に日付は変わっている。急いで帰らなくては朝になってしまう。

喉を潤していると、ミキコが、これ見てよと青い顔で言った。ショートブーツを脱いだ足首には、手の痕がついていた。

四人が言葉を失っていると、

「あ、さっきの龍だ」

声をあげたのはカズヤだった。

先ほど洞穴の前で見た白い龍の姿をした煙が、樹々の間をすり抜けるようにして近づいてきた。

ひと抱え以上もあるその煙は、四人の周りを三度大きく円を描いて廻った。

その後で、音を立てることもなく樹海の中へと消えていった。

余りに突然の出来事だったこともあり、四人はしばらく呆然としていた。

「帰ろうか」

タモツが皆にそう声をかけた直後、大声を上げた。

「消えてる！」

直美さんは龍の消えていった方向を眺めていたが、その声に視線を車に向けた。

車体にあれだけ沢山つけられていた手の痕が、一つ残らず消えていた。

見知らぬ男の夢

月の砂漠

数年前、Kさんは地元の商店会の慰安旅行で、樹海を訪れたという。

「メインの目的地は富士五湖だったんですが、会にオカルト好きな者が数名いまして、樹海まで足を伸ばそうとなったんです」

Kさんは全く気が乗らなかったが、日頃の付き合いもあり、しぶしぶ付き従った。

「ところが、いざ行ってみたら、遊歩道は空気がおいしいし、風穴の雰囲気も素敵だったし、案外、観光として楽しめました」

むしろ、オカルト好きの連中は、拍子抜けした様子で退屈そうでしたよと、Kさんは苦笑した。

ところが、旅行を終えて帰宅した直後から、Kさんは毎日のように、見知らぬ男の夢を見るようになったという。

「毎回決まって、同じ男が出て来るんです。くたびれた中年男で、その男がひどく苦しんでいる夢を見てしまうんです」

その男は、ある時は会社で上司に怒鳴《どな》られており、またある時は、病院で手術を受けていたという。

「まるで、その男の人生を追体験しているようでした。あまりに気味が悪くて、夢が三日続いた時点で、親交のあった隣町のお寺の住職に相談しました」

住職は、自分は霊媒師などの類ではない、と断った上で、Kさんの相談に丁寧に応じてくれたという。

住職は、Kさんが樹海に行っていたことに着目した。

「住職に、樹海で何か拾わなかったか、と聞かれました。腕時計とか指輪とか。もしかしたら、自殺した人が生前、身に付けていた物を拾ってしまい、そこに情念が宿っていたのかもと」

Kさんには、そんな物を持ち帰った覚えはなかった。

ただ、よく思い出してみると、樹海で、いくつかの小石や木の枝を拾った記憶はあった。

「私は盆栽や箱庭づくりが趣味で、旅行先で、そういう物を何となく持ち帰ってしまうクセがありました」

一旦、家に戻り、樹海に行った時に着ていたジャンパーを調べると、ポケットから、小枝が何本か出て来た。拾って、入れたままにしていた物だった。

それを持って、再び住職の元を訪れた。

住職は、しばらくそれらを眺めていたが、やがて、一本の黒ずんだ白っぽい小枝を手に取ると、これが原因です、と言ったという。

「それは、小枝ではなく、人間の指の骨だったんです。私は、自殺者の骨を、持ち帰ってしまっていたんです」

住職は骨を預かり、供養してくれた。

以来、Kさんは、男の夢を見なくなったという。

死にたくない

神沼三平太

丸山さんの後ろを、小一時間ほど前から灰色のスーツの男がついてきていた。

真昼間の青木ヶ原樹海だ。スーツの男などいるはずがない。しかし、ぶつぶつとつぶやく声まで届いてくる。

耳に入る声をあえて無視する。声に聞き入ってしまったら、足元が疎《おろそ》かになる。樹海は溶岩の上に腐葉土が積もった構造のため、下手なところに体重をかけると、タイミング次第では足を挫くのだ。

今回のような青年団の手伝いで自殺者の遺体を探している最中に、自殺志願者に出会うこともあった。だが今まで幽霊を見たことはない。

丸山さんは背後のスーツ姿の男が、この世のものかそうでないのかを測りかねていた。

おっと。

浮いた溶岩に足を取られ、危うくバランスを崩しそうになった。

その瞬間、自分のすぐ横にスーツ姿の男が立ったような気がした。

「死にたくない」

ひときわ大きく耳に届いた音を、声として認識した直後から、丸山さんは何が何やらわからなくなった。

「死にたくない、死にたくない、死にたくない」

背後から聞こえてくる、リズミカルな呟きに耳を傾けていると、だんだんと眠くなってくる。

そうそう。右足をそちらの岩に引っ掛けて、こっちの倒木を踏むと、滑って転ぶぞ。

脳の中にはそんな声も響いている。その声に従って、樹海の奥へ奥へと誘われる。不思議と転ぶようなことはなかった。まるで誰かの足跡を辿っているような感覚だ。

「死にたくない」

ああ、死にたくないなぁ。まだやらなくちゃいけないことが沢山あるんだよ。

だが気がつくと、両手にささくれた古いロープを握っていた。頭上の枝から垂れ下がるそれを、なんとなく首にかけた。このまま一歩踏み出せば、足元の二メートルほどの段差を落ちて、すぐに意識が遠のくだろう。

「死にたくない」

俺、なんで死にたくないんだっけ。死にたいんだっけ。よくわかんねぇや。
よくわからない？　何でだっけ。
「死にたくない。死にたくない。死にたくない」
丸山さんは、自分自身が小声でそう呟き続けているのに気がついた。
その瞬間に我に返った。
彼はそうっと首からロープを外した。手が震えていた。
ゆっくり背後を振り返った。
灰色のスーツの男は、どこにもいなかった。

慰め

soo

　怪談と呼ぶにはいささか憚《はばか》られるかもしれないが、樹海にまつわる怪異であることは間違いがないため、ここに記す。

　私の母は、いわゆる樹海パトロールのボランティアに参加していた。昔から肝っ玉の太い人で、それ以上に情の厚い人だった。母は、随分と熱心にその活動をしていた。

　ある年の、年末に近い冬の日だったそうだ。母はいつものように、ボランティア仲間の青年たちと樹海をパトロールしていた。この時期は、特に自殺を目的とした来訪者が多くなる。この日も母たちは一体の死体を発見し、二人の男女をそれぞれ保護した。その帰り道のことである。母は、木々の間をゆらゆらと歩く人影のようなものを見つけた。樹海は、溶岩質の地面の上を木の根が縄のように這っている。歩きにくいため、慣れていないものはふらふらとした歩みになるそうだ。母は、もしやと思って目をこらした。案の定、それは若い女だった。

「あんた、どうしたの」

母が歩み寄ると、女はゆっくりと母を見た。青白い顔は土で汚れ、半開きの口からはヒュウヒュウと息が漏れているだけだった。

「ここは寒いでしょう。とりあえず、あっちに行こう」

母はそう言って仲間たちのいる方を指さしたが、女は動こうとしない。仕方なく、母は女を近くの倒木に座らせ、自分もその隣に座った。そしてリュックサックから水筒を取り出し、暖かいお茶を紙コップに注いで、女へ手渡した。

「あったまるよ」

女は、驚いたように母を見ていたという。そうしてずっと長いこと、母をじっと見つめた後、蚊の鳴くような声で「ありがとう……」と言い、そっと紙コップを口元へ運んだ。母は女が飲み終えるのを待つと、女の手に自分の連絡先を書いた紙を握らせた。

「さあ、戻ろう。こんな暗いところにいちゃ駄目だよ」

母がそう言うと、女は頷いた。しかし、母が水筒をしまうために目を離したすきに、女の姿は消えてしまった。紙コップも一緒に。

数日後、母の元に警察から連絡があった。樹海で見つかった死体が握っていたメモに連絡先が書いてあったため、電話したということだった。母は慌てて警察へ向かった。死体は発見時、既に白骨化していたらしい。母は女と出会った話をした。

「奥さんのおかげで成仏したんでしょうね」

警官はそう言った。女の死体のそばには、どう考えても新しすぎる紙コップが一つ、落ちていたという。

「あれが、後にも先にも幽霊を見た、ただ一度の体験だよ」と母は笑っていた。

未来予想図。

音隣宗二

Hさんは、かの有名な樹海にやってきた。

出張仕事を片付けた土曜日で自宅に帰っても問題は無かったが、帰りたくない理由があった。

「当時、息子が不登校気味になり、そのことで本人や妻と言い争いが多くなっていたんです」

樹海は緑に囲まれた風景が気持ちが良かったが、Hさんはふと中に踏み込んでみたくなってしまった。

「ほんの少しなら問題ないだろう」周囲を確認して足を踏み入れた。

背後を確認しながら、道が確認できる程度の場所までやってくると、目を瞑《つむ》って数回深呼吸をする。

一分ほどだろうか。目を開けたHさんは視界の端に影を捉えた。

今いる場所より少し奥。木の下に立っているような格好の人間の影。

直ぐに首吊りだと分かったが、Hさんは目を離せなかった。そのシルエットが自分そっくりに見えたからだった。そして逃げ出したい恐怖を抱えながらも、一歩一歩前に進んだ。

気づけは、Hさんは自宅にある息子さんの部屋にいた。首を吊っていたのは自分ではなく、息子さんだった。混乱するHさんの手を冷たい何かが掴む。奥さんだ。Hさんの足元に座り込んだまま、爪が食い込むほどにHさんの手を握り、目からは真っ赤な涙が流れ落ちていた。

「あなたが殺したのよ。あなたが殺したの！」そう何度も叫んだ。

逃げ出したHさんは、突き出た木の根で転倒してようやく我に返った。振り返っても、先ほどの場所には部屋どころか、首を吊った人の姿も無かったが、手には爪の跡がしっかり残っていた。

Ｈさんは、自宅に急いだ。なぜか分からないが「直ぐに家族と話さないといけない」と感じたらしい。

帰宅したＨさんは、奥さんと息子さんをリビングに集め「信じられない話だが」と前置きした上で、樹海での事を話し始めた。最初は父親の体験に半笑いだった息子さんだったが、話を終える頃には顔がすっかり青ざめていた。そして、一部のクラスメイトに嫌がらせを受けていて、それがエスカレートしていること。それが原因で部屋に閉じこもり、その為に言い争いの絶えないＨさんと奥さんを見るのが辛かったことを涙を流しながら口にした。

「あれは警告だった気がするんです。このままだと大切なものを失うと。それを何で樹海が伝えてきたのかは分かりませんが」

その後、息子さんはＨさんの実家のある地方の学校に転校。高校、大学と卒業して、もう三十代。現在は孫を連れては、Ｈさんと奥さんの元を頻繁に訪ねてきている。

ズレて見える

中野前後

Kさんの母親は、樹海の側の売店でパートとして働いている。

樹海の観光スポットの近くにあるが、古い店で、メニューは定番のものしかない。店内の席は無く、野外にパラソル付きの古びたテーブルセットが少し置いてあるだけだ。

しかし、週末や大型連休になると、朝から観光客で混み合い、なかなか大変だという。

そして、稀に、家族連れやカップルなどの観光客に紛れて「あの人はこれから死ぬんだろうな」という人もいるのだとか。

Kさんは、どうしてわかるのか、と聞いた。

母親曰く、なぜかわからないが、そういう人はズレて二重に見えるらしい。

素振りはただの観光客なのだが、まるで乱視で見たようにぼやけてズレているのだそうだ。

実際に、そういう人を見た数日後、樹海で自殺死体が発見された、ということがよくあるらしい。そしてその死体は、母親が見た人と特徴が似ているのだという。

「自殺を覚悟して来た人は、すでに半分死んでいるのかもね、でも、そういう人に気づいても、自分じゃ何もできないんだけど」

母親は気の毒そうにそう言って笑った。

ない

大坂秋知

「ぜんぶノリでした。悪いノリ」

昨年、玉木さんは樹海に赴いた。

失恋して自棄になっていたのだという。

「あんたのせいだってビビらせたくて」

樹海の中にいる自分の写真を、元カレに送りつけるつもりだった。

「帰りの切符も買っていたし、死ぬつもりなんてなかったんですよ」

手始めに自殺防止の看板の写真を撮り、樹海に一歩踏み込んだ。

そして。

「……そして?」

「終わりです」

「は？」

「そのまま家帰って、今に至るっていう」

唐突な打ち切られ方に言葉を失ってしまった。

「……幽霊を見た、とか」

「ないです」

「じゃあ死体……ご遺体を見た、とかは」

「ありません」

「……あの、今日は怖い話をしていただける筈では」

玉木さんはぶんぶんと首を振った。

「私、ないんです。その後、樹海での記憶が」

樹海に一歩踏み込んだ、次の瞬間。

自宅のベランダに裸足《はだし》で立っていたのだという。

樹海に赴いてから丸一日が経過していた。

「でも、確実に、何かあった筈なんですよ」

玉木さんはその論拠を、指折り数え挙げてくれた。

体全体にのしかかる信じられない疲労感。

泥にまみれ穴だらけになったスニーカー。

画面が粉々に割れ、完全に沈黙した携帯電話。

「そして、これ」

玉木さんはカバンからビニール袋を取り出した。

中には、木屑まみれのロープが入っていた。

「私の首に、巻き付いていました」

不穏な証拠品を前に、ひとつだけ伺ってみた。

「樹海で、何をした、と思いますか」

「さあ。思い出さないほうが良いんだと思います」

ビニール袋をしまいながら、玉木さんは話を終わらせた。

免許証

神沼三平太

杉本くんが、若い頃にタカシとフミヤという友人と一緒に、青木ヶ原樹海に肝試しに行った時の話である。

季節は晩秋。地元を車で出たのが日が落ちてからだったこともあり、到着したのは深夜だった。

車から降りると、噂に聞いていた以上に明かりがない。それどころか手に持った懐中電灯の光が闇に吸い込まれて、ほんの数メートル先も見えない。

どうしようか。樹海の奥に入ると、戻ってこられないかもしれないぞ。

迷っていると、タカシが提案した。

「遊歩道だったら大丈夫だろ」

確かに一本道の遊歩道なら迷うことはない。しばらく行って満足したら、車を停めた場所まで戻ってくればいい。

しかし、遊歩道とはいえ、周囲は完全に闇である。時折、ぱき、ぱきと、小枝を踏むような音が聞こえてくる。たぶん野生動物が音を立てているのだろう。

「ビビってないで行くぞ」

焦《じ》れたフミヤが遊歩道を歩き始めた。確かに肝試しに来たのだから、いつまでも車の脇にいても意味がない。すぐにタカシが続き、杉本くんはその後ろをそろそろとついていく。

カーブを過ぎて停めた車が見えなくなり、ますます闇が濃くなった頃に、道を外れた奥の生い茂る木々の隙間から、白い服を着た女が顔を覗かせた。

思わず息を飲む。

だが、女の姿を見てやろうと懐中電灯の光をそちらに向けると、もう誰もいない。当然だ。深夜の樹海の一本道、道を外れた場所に女などいるはずがない。目の錯覚だ。そうに違いない。

だが、視線を遊歩道に戻して歩き始めると、また顔を覗かせる。

これは何だ。幽霊なのか。はたまた自殺志願者なのか。

いや、待て。自殺者というのは、こんなひらひらした白い服を着ているのだろうか。

待て待て。歩きながら吐いている息は白い。今の気温は一桁台のはずだ。

夏場に着るような服で、樹海の木々の間をすり抜けるようについてくる女。

たとえ幽霊ではなかったとしても、関わり合いになってはいけないものだろう。

しかし、気になった。正体を確かめなければ。

ちらりちらりと視界に入ってくるたびに、懐中電灯を女の方に向ける。

次第に仲間たちから遅れがちになった。三メートル離れ、五メートル離れても、先行する二人からは声がかからない。きっと気づいていないのだろう。

とうとう立ち止まった。

自分は一体何をしているのだろう。そう思いながら遊歩道を外れた。捩《ねじ》れたような姿の木々の間へと踏み込んでいく。すると、先ほどの女が、目の前に立った。

先ほどまでとは違う、くっきりとした姿が闇に浮かんでいた。

線の細い美人だ。その顔が微笑《ほほえ》んでいた。彼女は誘っているような表情でこちらを見つめると、ふわりふわりと樹海の奥へと移動し始めた。

その姿を追いかけて、奥へ、また奥へと誘われるように歩を進める。

気づいた時には遊歩道の位置がわからなくなっていた。一人真っ暗な中を彷徨《さまよ》っている途中で我に返った。

女の姿も見えない。一体ここはどこだろう。

急に不安が押し寄せてきた。

大声で助けを呼ぶと、懐中電灯の光が射しこんだ。

自分を捜す声に、おおいおおいと声をあげる。

友人二人と合流すると、彼らは彼らで杉本くんのことを探していたのだと言った。

「脅かすなよ。何かに取り憑かれたのかと思ったよ」

いや。おそらく本当に取り憑かれかけていたのだ。


三人で車まで戻った。

「今からなら明るくなる前に帰り着けるだろ」

運転手のタカシが下道で帰りたいというので、河口湖から山中湖へと回り、さらに道志川沿いに国道を進むコースを取った。

「あれ。これ免許証だ」

杉本くんはズボンのポケットから取り出したものを、携帯電話の画面を頼りに確認していた。先ほどから何かが引っかかって違和感があったのだ。

髪が長くて目が大きい、線の細い美人。

さっきの女だ。

名前欄には岩尾禎子とあった。

住所も生年月日も掠れているが読める。

ゴールド免許ということは、無事故無違反で五年過ごしたということか。

「なんかさ、俺さっきのところで免許拾ったみたいなんだけど」

「マジ？　貸してみろよ」

助手席のフミヤに渡すと、げらげら笑い出した。

「何これ。汚ったねぇなぁ」

彼は笑いながら車の窓を開けると、その免許証を窓から放り投げた。

「おい、何すんだよ」

「いいじゃんいいじゃん。すげぇ汚れてたしさ」

フミヤは悪びれるそぶりも見せず、わりぃわりぃと軽い口調で返した。


だが、帰宅してから、杉本くんの枕元に、あの女——岩尾禎子が立つようになった。

「返してよ」

「返してよ」

何か、期待していたことを裏切られた時のような、怒りと恨みが混じったような顔をして、一晩中詰《なじ》るのだ。

「返してよ」

返して欲しいのは免許証ということはわかっている。しかし、あれはフミヤのバカが窓から捨ててしまったではないか。

「返してよ」

寝ても覚めても、女の顔がちらつく。

怖い。

食事が喉を通らない。胃腸の調子が悪いらしく、腹が下ったままだ。栄養が摂れていないからか、体も冷え切り、指先も冷たくなって痛い。

三日目の朝、シャワーを浴びようとして、洗面台の鏡に映った自分の姿を見て鼓動が速くなった。女が背中におぶさるようにして、白い両腕を首に巻きつけていた。

——このままでは殺される。

杉本くんは、バイクを飛ばし、フミヤが免許を放り投げたあたりをくまなく探した。

丸一日かけて探し出した免許証は、車に何度も踏みつけられたからか、写真が剥げて、名前も読めなくなっていた。

しかし、彼はその免許証を警察に届けた。係には樹海の遊歩道で見つけたと説明した。
幸いなことに、その夜以降、あの女は姿を現していない。
ただ、杉本くんは、彼女が樹海で無事発見されたのかどうかまでは知らないという。

育ての母

つくね乱蔵

紀美子さんが家を出て十年目の冬、母から手紙が届いた。

自身のアルコール依存症で生活がままならなくなり、金銭的な援助をお願いできないかという内容であった。

当時、同棲していた男性は心配し、なんとかしようと言ってくれたのだが、紀美子さんは断った。

あれは母ではない。たまたま私を産んだだけの明美とかいう人だ。赤の他人だから、現在の住所も電話番号も教えていない。

どこで調べたか知らないが、こんな手紙は紙くずと同じだ。そう言い放ち、会話を打ち切った。

そこまで言うのには理由がある。紀美子さんは一度、捨てられたのだ。

それは紀美子さんが六歳の時であった。

明美は紀美子さんを十八歳で産んだ。父親は分からない。不特定多数が対象であり、何人かに絞ることもできない。

子供を持つ気がないまま、母親になってしまった女性にまともな育児ができるわけがない。

肉体的な暴力こそ受けなかったが、全く相手にされない毎日であった。

いわゆる育児放棄と呼ばれる行動である。

幼かった紀美子さんは、自分が全て悪いと思い込んでいたそうだ。

ある春の日。

珍しいことに、明美が紀美子さんを連れて旅行に出かけた。相変わらず不機嫌な顔つきだったが、紀美子さんは心から楽しんでいたそうだ。

明美の目的地は、紀美子さんが思いもつかない場所であった。樹海である。

もっとも、六歳の紀美子さんに樹海などという認識はない。

大きな森だなとしか思えなかったという。

明美は、紀美子さんの手を引いて樹海に入っていった。

「今日はピクニックよ。焚火するから、小枝を沢山拾ってきなさい」

言われた通り、紀美子さんは小枝を拾い始めた。

「そんな細いのじゃ駄目よ。もっと大きなのを拾ってきなさい。あっちの方に真っすぐ行って」

何の疑いもなく、紀美子さんは樹海の奥へと進んでいった。

これ以上は無理というぐらい沢山の枝を抱え、紀美子さんは戻ろうとした。

ところが、自分が来た方向が分からない。足跡を探しながら進み、余計に迷ってしまった。

大声で助けを求めたが、返事がない。

ここへきてようやく、紀美子さんは自分が置き去りにされたのではと思い始めた。

お母さん、お母さんと泣きながら歩き回る。疲れ果てて座り込み、紀美子さんは呆然と辺りを見回した。

その時である。

紀美子さんは、前方に女性を見つけた。緩やかに手招きしている。

遠くにいるにもかかわらず、声が聞こえた。

「大丈夫だから泣かないで。こっちへいらっしゃい」

優しい声だった。その声だけで安心できたという。

たどり着いた紀美子さんに女性は再度、大丈夫と微笑《ほほえ》んでくれた。

ああ、この人は信用できる。確信できたという。それと同時に、知世という名前も頭に浮かんできた。

紀美子さんの先に立ち、知世さんは歩き出した。

足元も見ず、するすると歩いていく。それをおかしいと思う余裕は、当時の紀美子さんには無かった。

あれほど迷った樹海なのに、ものの数分で出られた。

知世さんはそのまま歩き続けている。道の向こう側にバス停が見えてきた。そこに明美がいた。

ベンチに座り、煙草をくゆらせている。

近づいてくる紀美子さんに気づいた明美は、愕然《がくぜん》とした様子を隠そうともせずに立ち上がった。

その時、知世さんが紀美子さんに囁いた。

「こう言いなさい。ただいまお母さん、遅くなってごめんね」

言われたままを繰り返す。明美は、知世さんを睨みつけて言った。

「あんた誰よ」

知世さんは一瞬にして明美の目前に移動し、耳元まで首を伸ばして何事か呟いている。

僅かな言葉しか聞こえなかったが、次やったら殺すと言っているのは分かった。

必死で頷く明美の顔を覗き込んだまま、知世さんは徐々に薄れていく。完全に消えるまで数分かかった。

当然、紀美子さんも腰を抜かさんばかりに驚いたのだが、不思議と怖くはなかった。

紀美子さんの中では、知世さんは自分を助けてくれた良い人だった。

それから後も、事あるごとに知世さんは現れた。

明美が約束を破って、紀美子さんに辛く当たると瞬時に現れる。

以前なら二晩帰らないことも珍しくなかった明美だが、毎日真面目に帰ってきた。

そういった事が何度か続くうち、明美はおとなしくなっていった。

根本的な性格は変わりようがなく、静かな憎悪を秘めているのは隠しようがなかったが、不安なく日々を暮らしていけることは間違いない。

それもこれも全て知世さんのおかげである。

いつしか紀美子さんは、知世さんを母と思うようになったという。

高校を無事に卒業したその足で、紀美子さんはあの日の樹海に向かった。

何処をどう歩いたか全く思い出せない。特にあてもなく、足を踏み入れる。

それでも、知世さんの元にたどり着ける確信があった。
ある程度進むうち、何故か心惹かれる木に出会った。
その木の根もとに、高校の卒業証書を置く。
「あなたのおかげで無事に生きてこれました。ありがとう、お母さん」
頭を垂れ、手を合わせる。木の上から微かにすすり泣きが聞こえた。
以来、知世さんは姿を見せなくなったという。
その日を命日として、今でも紀美子さんは手を合わせている。

一方通行

橘　百花

マリさんは二十代後半の頃、身内が病気で入院したのを機にスポーツクラブに入会した。仕事はデスクワークで、一日中座ったまま。運動は得意ではないが、このままでは体を壊すのではないかと感じたからだ。

クラブに通い始めて二か月ほどした頃、友人ができた。それが美弥さんだ。彼女はマリさんより三つ年下の女性で、高校時代は柔道部で黒帯。大学も体育関係のところを出ている。出身は東北だが、寒いのが苦手。それが嫌で関東方面の大学を選んだと冗談交じりに話していた。卒業後はいくつかのアルバイトを掛け持ちしながら、趣味でスポーツクラブに通い、レスリングも習っている。二人とも一人暮らし。住んでいる場所も近く、休みの日に一緒に食事をとることもあった。

その日。マリさんの部屋に彼女が遊びに来た帰りのこと。近くのコンビニまで一緒に行くことになった。

「ちょっとお金を下ろしてもいいかな」

美弥さんは店内にあるATMで現金を引き出した。それを見ていたマリさんに向かって、彼女はちょっとした告白をした。


美弥さんはある男性とサイト内でやり取りをしていた。きっかけは突然届いたメール。いわゆる迷惑メールの類だ。いつもならすぐに削除してしまうのに、この時は覗いてみようと思った。適当な相手を選びチャットで会話をする。最初は無料。会話を続けるにはポイントのようなものをお金で買わなければならない。お金を払ってまでやり取りを続けたのは彼女の意思で、騙されたわけではない。引き出していたのは、その支払いのお金だ。

相手の男性も、彼女からお金を引き出すための仕込みかもしれない。やり取りをしながら怪しいと思うところはあった。

「なぜそんなことになってしまったのか」

それに関しては後日、マリさんの部屋で詳しい話を聞くことになった。

「少し前に大勢で、富士山に登ったの」

美弥さんは休日に、バイト仲間数人で富士登山に行った。初心者ということもあり、ガイド付きのツアーを申し込んだ。体力に自信はあったが、実際に登ってみると想像以上に辛く、何度も途中で引き返したくなった。それでも目的の場所まで登りきると、今までに味わったことのない気持ちになり涙が溢れた。

　この時、具体的に富士登山をどのルートで登ったかまでは聞いていない。マリさんは登山に興味がなかった。

「富士山にはマリさんも一度は登った方がいい。人生観が変わる。そうだ、今度一緒に登ろうよ」

　口調が激しく強引な誘い方。それをやんわりと断る。途端に彼女はがっかりした表情をした。話の流れが変わったのはこの後だ。

「富士山から戻ってから、なんかおかしくて……」

　失恋した直後と似ている。何をしていても空しくなった。仕事中、誰かと一緒にいても寂しいと思う。自宅で一人になると眠れない。

　そんなことが続いた時、あのメールが携帯電話に届いた。

「最初は無料。それだけなら……」

　試しに使ってみた。内容は挨拶程度。たったそれだけの会話で、心が軽くなった。

個人情報を出さない程度にと、富士登山について話す。相手の男は「高校時代、登山部だったからわかる」と理解を示した。会話は直ぐに課金が必要な状態になった。少しだけだとお金を払い、同じ男とやり取りをする。知らない相手と話すのが楽しい。文字でのやり取りがしっくりきた。時間を気にせず、自分の好きなタイミングで書き込めるのも良かった。

男は埼玉県に住んでいると言ったり、静岡にいると言ったり、日によって話が違う。それぞれの土地の話には地元の人間でないとわからない情報があり、嘘を言っているようにはみえない。複数の相手と日替わりで話している感じだ。

「家の墓が富士山の近くにある。そこから山がよく見える」

——富士の樹海は行ったことある？

そういえばと気づく。男性から具体的に登山をした話は出ていない。

美弥さんの樹海に対するイメージは自殺の名所。男は富士登山より樹海の方が素晴らしいとすすめてくる。

彼女は怖い話が苦手。樹海と聞いただけで、やり取りが苦痛になった。

（なんでこんなことしてるんだろう）

目が覚めた気がした。

「なんとなくこのことを、誰かに聞いて欲しくて」

美弥さんはへらへらと笑いながら話している。何かとても悪いことをしたことを白状して、楽になったような表情だ。以前より姿勢が悪く、彼女特有の鍛えられた強さが消えていた。

その後、美弥さんは男とのやり取りをきっぱりと絶った。そんな時、一人で部屋にいると、背中をすっと撫でられる。触るか触らないかの微妙な触られ方だ。それをされると背中がむず痒くなる。腕には鳥肌。「なんか怖い」と何度もマリさんに連絡した。

二人で直接会う機会が減ったとマリさんが思っていると、美弥さんは東北の実家へ戻ってしまっていた。


彼女が戻ってからも、二人は連絡を取りあった。

東北の実家には彼女の母親の他に、離婚して戻って来た姉とその娘が暮らしている。父親は数年前に病死しており、家の中にいるのは全て女性。『喧嘩が絶えず、息苦しい』という内容のメールがよく来た。家族と暮らしても、寂しさは消えない。

彼女は田舎に戻ってから、木を人と見間違えてしまうことがあり困ると話していた。

――死んだ父が立っている。

驚いて走り寄ると、それは太い大木で父ではない。離れた場所から見て勘違いをしたと思った。そんなことが何度も続いた。

「無表情で、大きな木の前に立っている。それだけ」


その後、美弥さんからの連絡がぷっつりと途絶える。メールを送っても返信がない。そうされる理由に心当たりはなかったが、無視されていると思った。

連絡するのを止めて数年後。美弥さんから年賀状が届いた。彼女の住所は、富士山に近い県のとある場所になっている。実家は出たようだ。

手書きで『富士山が忘れられなくて、住んじゃいました』とピンクのハート付きで書いてある。

「ここの住所、きちんと教えてたっけ?」

マリさんの自宅に彼女は何度も来ている。調べるのは簡単だが、そこまでされていたことに気味悪くなる。

試しに美弥さんにメールを送ったが、返信はなかった。

「こっくりさん」に纏わる話

営業のK

昔、こっくりさんというものが流行《はや》った。

地方によっては、キューピーさんとか、色々な呼び名があるようだが、基本的にやることは同じである。しかも、それはどの世代においても、ひっそりと語り継がれ、ずっと行われてきたように思う。

実際、どの年代の人間でも、実際にやったことがあるかどうかはいざ知らず、こっくりさん自体を知らないという方は、ほとんどいないのではないだろうか？

ちなみに俺は、こっくりさんには手を出さなかった。

正直、怖かったのである。

なぜなら、こっくりさんは降霊術に他ならないからである。

よく、心理学の権威が、あれは一種の集団催眠だとか集団暗示だと科学的に説明しようとするのを見るが、偉い先生がどう言おうと、アレは完全なる降霊術だと確信している。

実際、自分が中学生の時、こっくりさんをやって何かのトラブルに巻き込まれ、そのまま学校に登校できなくなって転校してしまった生徒が何人かいた記憶がある。

表向きには、親の転勤のためと伝えられていたが、こっくりさんをやった後に学校に来なくなり、そのまま転校というのは、子供ながらに不自然だと感じていた。

今回話すのは、俺の馬鹿な友人の話である。

馬鹿、というのは失礼かもしれないが、俺がどれほど必死に止めても、それを無視して行ったせいでとんでもない結果に繋がったのだから、あえてそう言わせてもらう。

それは、こんな話である。


その友人は大学の同窓生で、ミステリー同好会なるクラブを立ち上げて、会長を務めていた。ある年、クラブは夏の行事として、かの青木ヶ原樹海でのキャンプを企画した。夜は酒を呑みながら麻雀をやり、その他ありとあらゆる自堕落《じだらく》な行為をやって、それをカメラに収めようというのだ。その自堕落な行為の一つに、こっくりさんも含まれていた。

彼のクラブは、男四人に女二人という小所帯。そんな人数だったから、俺のところにまで誘いが来て、その企画の存在を知ることとなったのだ。

最初に聞いた時、俺は本気で唖然とした。

あの場所でそういう行為をすることがどれほど危険か、全く理解できていないと思った。なので俺は真剣に反対し、馬鹿なことはやめるよう説得した。

が、当時のテレビの心霊ブームも手伝ってか、彼はまったく聞く耳を持たなかった。

「本当にどうなっても知らないぞ!」

最後は捨て台詞のようにそう言い放った俺だが、やはり彼のことが心配でしょうがなかった。この馬鹿野郎と思っても、友人なのである。

とりあえずではあるが、俺は効力の高い護符をメンバー全員に配り、それだけは常に持っているようにアドバイスした。どうしても行くと言うなら、俺がしてやれるのはそこまでだった……。

結果として、俺の気持ちは最後まで彼らに伝わることはなかった。

あとで聞いた話では、彼らは誰一人としてその護符を現地に持参しなかったという。

かくして、樹海での自堕落キャンプは実行された。

メンバーは、同好会の会員である男四人に女二人、そして撮影係として、映画研究会というサークルから男が一人参加した。

予定では、樹海で二泊。メンバーは現地に着くとまず、キャンプができそうな場所を探した。が、隆起した木の根が入り組む樹海ではなかなか平坦な場所が見つからず、適当な場所を探すうちに、かなり奥深くまで入り込んでしまった。

実はその間、地元でパトロールをしている方に見つかり、こっ酷く叱られたらしい。そこで引き返しておけば、あんなことにはならなかったのに……と、今でも思わずにはいられない。だが、彼らは先へ踏み込んだ――。


どれくらい歩いたか、ようやく彼らは平坦で、明るく日が差し込んでくる場所を見つけた。あとで残された映像にも、その場所で楽しそうにキャンプの準備をする彼らの姿が記録されている。

薪集めに、散策……昼の間はピクニック気分だったが、夜になると場の雰囲気は一変した。

すべての光を遮断された、真の暗闇。

全員が恐怖と暗闇の圧迫感で逃げ出したい気分になったと思う。

それほど、樹海の夜は深く、完全な闇の世界なのだ。それこそ、知らない誰かが自分の隣にいたとしても気付かないほどの……。

だから恐怖に身を竦《すく》め、大人しく朝が来るのを待てばよかったのだ。まあ、それでも無事に戻れる保証はないのだが、それが最善であったことは間違いない。

だが、メンバーに女性が居るということで、格好悪い姿は見せられないとでも思ったのだろうか。彼らは、予定していたプランを実行に移してしまった。

テントは大型のものを二つ張って使っていたというが、まずは全員が一つのテントに集まり、酒を飲みながらの麻雀大会となった。

この時点では、カメラに向かってピースサインをするなど、まだ余裕があった。

が、東場二局に入った頃、一人の女性が異音に気付く。

最初は、カメラの集音マイクでも拾えないほどの小さな声だった。

「……ねえ、何か聞こえない？」

女性の問いかけに一斉に皆が手を止め、ふつりと静かになった。

耳を澄ます。

何かが……聞こえているようだった。

無言で視線をかわす全員の顔が、凍りついている。

ブーンブーンという音。微かな羽音のようなそれは、やがて撮影した映像の音声にもはっきりと入り込む。

ブーンブーンブーン……。

音は波のように大きくなったり小さくなったりを繰り返し、そのうち念仏のような唸り声まで混じり出した。

映像の音が割れるほどにそれが大きくなる。

画面が揺れる。撮影している人間の手ブレがひどくなったせいだ。音はもう、会話もままならないほど大音量だったと思われる。

が、音はそのうち遠ざかるようにして消えていった。

女性二人は完全に耳を塞ぎ身を固くしている。

何度も書くが、そこで止めれば良かったのだ。だが、酒の酔いも手伝い、気が大きくなっていた友人たちは、さらなる暴挙に出てしまう。

「よし、次はじゃあ、こっくりさんやろうぜ」

もうやめよう、という女性たちの願いには耳も貸さず、そのままこっくりさんがスタートする。実際に参加したのは三人、その他のメンバーは見学という形だった。

こっくりさんは順調に進んだ。ある一点を除いては。

何度やっても、答えが「い…ま…い…く」になってしまうのだ。

誰かが、ふざけてるんだろうと茶化してもいたが、とにかく結果は同じで「い…ま…い…く」になる。

一瞬、テントの中が静かになった。

と、次の瞬間、隣のテントからバサーっという音がした。

何者かが、テントを潰したかのような大きな音だった。

さすがに寝床を壊されては堪らないということで、強者の男二人が、隣のテントの様子を見に行くことになった。

撮影フィルムに、男たちが強がって喋っている様子が映っているが、霊なんかより野性動物の方が怖い、霊に怯えるなんて馬鹿だ！　としきりといきがっていた。

かくしてその二人は、野生動物用に金属バットと懐中電灯を持参して、テントを出る。

残った者たちは息を殺すように耳をそばだて、彼らの音に集中していた。

「おいおい、なんだ、これ？」という声の次に、短く「あっ」という声がして、そのまま彼らの声が途絶える。それきり、どれだけ待っても二人は戻ってこなかった。

息詰まるような沈黙の中、ふいに、誰も指をのせていないコインが動きだした。

〈し…ね〉

もう女性たちは、泣き出してしまい、テントの中は大騒ぎだった。

そこへ、何者かがテントを外側から叩いた。

バンバンという音とともに、布地が内側にたわむ。

「きっと、あいつらだ！　ふざけてんのか？」

「おーい、お前ら、全然怖くないぞ！」

テントの中の者は大声で怒鳴り返すが、その瞬間、すべてを裏切るような女の笑い声が、ゲラゲラと聞こえてくる。

無論、テントの中の女性たちではなかった。

声はさらに増え、老人のようなしわがれ声、子供の笑い声まで聞こえてくる。

テントを叩くバンバンという音も次第に激しくなり、まるで地震に襲われたかのようにテントがぐらぐらと揺れていた。

この時点で、カメラは撮影者に放り出され、完全に地面に放置された状態で回っていた。

それだけでも現場の恐怖の度合いが伝わってくるが、そのうちに今度は、「キキキ……」とか「ケケケッ」とかいう、およそ人間とは思えない声も入り込む。

そして、次の瞬間。地面に置かれたカメラが映していたのは、何者かの手であった。手は、テントを捲り上げるように動いたかと思うと、ぱっと消えた。いや、見えなくなった。

すると、一旦は消えたブーンブーンという連続音と念仏の声が入り混じる。テントの中は完全にパニックになり、ただ泣き続ける者、耳を塞ぎブツブツとつぶやく者、そして、ごめんなさい、ごめんなさい、とひたすら謝り続ける者などしばらく混沌とした。

ところが、ふいにぴたりと全ての音がやみ、静けさが訪れる。

全員が、呆気に取られたように互いの顔を見合わせている。

(助かったの、か……?)

全員がそう思ったに違いない。そういう顔をしていた。

だが、樹海の霊たちは、それほど優しくはなかったようだ。

次の瞬間、何者かが、テントの入り口から顔を見せる。

カメラのアングルには、何が入ってきたのかは死角になり映ってはいなかったが、それを見た全員の顔と、その後の彼らの行動が全てを物語っていた。

人間は、本当の恐怖に遭遇すると、こういう顔になるのか……戦慄とともにそんなことを考える。

恐怖。そして、絶望。

彼らは、そのまま、テントの入り口とは反対側から逃げ出し、そのまま映像に動きは無かった。

だが一瞬おいて、突然ぐしゃっとテントが潰され、カメラの映像はそこでブラックアウトした。

翌日、彼らは地元のパトロール員に発見されたが、誰一人まともに喋れなかったという。そして、最初に隣のテントを調べに行った二人の男性はそのまま行方不明になり、結局、発見されなかった。少なくとも、俺が大学を卒業するまでの二年間は、発見されていない。

また、参加した残りのメンバーも、記憶を失うか、精神に重大な障害を負うか、そのどちらかであった。いずれもそのまま休学し、最終的には退学していった。

そして、ミステリー同好会もそのまま廃部へと追いやられた。

この話は、当時、大学の学園祭で一度だけマニア向けに上映された映像を見て、覚えていた内容をそのまま綴ったものであり、一切の脚色はしていない。

樹海であれ、どこであれ……こっくりさんはやらないほうが身のためである。

泥顔

つくね乱蔵

島崎さんから聞いた話。

ずっと秘めたままにしていたが、妹の五十回忌が終わったという理由で打ち明けてくれた。

遥か昔、島崎さんがまだ中学生の頃だ。

島崎さんの実家から自転車で小一時間の場所に樹海があった。

地元民は避けて通る。方向感覚が狂うらしく、下手をすると出られなくなるからだ。

当然、島崎さんも入ったことはなかったが、中学生になって思春期の男子らしい冒険心が芽生えた。

どこの物好きがやったのか、草を踏み固めた道がある。その範囲内であれば行けそうな気がしたそうだ。

時折、道から離れて樹海に踏み込む。慣れるに従い、徐々に距離は伸びていった。もちろん、迷わないように対策は練ってある。

派手な色の紐を途中の木に結び付け、目印とした。

何度目かの探検で、島崎さんはかなり深い地点まで達していた。気分は猛者《もさ》の探検隊員だ。

聞こえてくるのは、自分の足音だけ。更に進む。

入り組んだ木の根を跨いだ瞬間、足元の不自然な膨らみに気づいた。

苔の生えた丸い物が地面に埋もれている。手近の枝を拾い、掘ってみた。

思ったより大きい。熱心に掘り進め、全貌が判明した。

人間の頭蓋骨である。苔が生えていなければ、或いは逃げ出していたかもしれない。

だが、目の前のそれはあまりにも古びており、生々しさが無く、まるで怖くなかったという。

地面に置いた頭蓋骨を見つめながら、島崎さんは考えた。

さて、どうするか。常識から判断すると、警察への通報しかない。

どういった素性の骨か想像もつかないが、いずれにせよ捜査が始まるだろう。

そうなると、辺り一帯は立ち入り禁止になるかもしれない。それは嫌だ。

考えてみれば、苔が生えるほど古い頭蓋骨なのに、今の今まで発見されなかった。

人が立ち入らない樹海だから当然といえば当然だ。

ということは、このまま放置しておいても構わないのではないだろうか。

自分勝手な理屈だが、島崎さんはその答えが気に入った。とりあえず、その日は探検を切り上げて家に戻った。

宿題を済ませ、夕飯を終え、風呂に入る。その間ずっと骨のことを考えていたという。

布団に入り、目を閉じてもなお頭から離れない。考えすぎた結果、とんでもない計画が浮かんだ。

あの頭蓋骨に粘土で肉を付け、顔を復元できないだろうか。

考えれば考えるほど、魅力的なアイデアに思える。

得体の知れない衝動に突き動かされた島崎さんは、とりあえず粘土を集めた。

妹のおもちゃ箱で見つけた分に、少しだけ買い足し、島崎さんは樹海へ向かった。

その日から樹海は、探検以上に好奇心を満たす場所となった。

まずは頭蓋骨の額に粘土を貼ってみる。思いのほか上手くいった。顔全体にまんべんなく広げ、整える。

鼻や耳は想像で形を作るしかない。適当にバランスを考えながら位置と形を決めていく。

理由は分からないが、性別は女性だとしか思えない。そう確信して作業を続けた。

面白くてたまらない。あっという間に時間は過ぎる。

初日にして、なかなかの進捗具合である。よし、今日はここまでにしておこうと立ち上がる。

翌日も翌々日も同じように時間は過ぎていく。作業は順調に進んだのだが、気になる事が起こった。

妹が悪夢を見るようになったのだ。


夢の中で妹は、見覚えのない森に立っているという。

見渡すと、派手な色の紐を結び付けた木があった。とりあえずそれを目指し歩き始める。

進んでいくうち、足に何か触れてきた。

見下ろした先に女の生首がある。所々、骨が見えている。

必死で逃げ出すのだが、木の根が邪魔をして転んでしまう。

起きあがろうとして気づく。目の前に、数え切れないほどの頭蓋骨が転がっている。

そのような夢を見続けているせいか、妹は見るからにやつれてきた。

それでも島崎さんは、樹海通いを止めなかった。

自分でも説明できない熱意に動かされ、作業を続けた。

半月後、頭蓋骨の復元は殆ど完成した。

ただ、目はどうしようもない。ポカンと空いたままだ。折角、ここまで出来上がったのだから、なんとかしたい。

粘土で埋めてしまうのは芸がない。何かないか。目玉の代わりになるような物。

考え抜いた結果、中学生でも容易く手にはいる物を思いついた。

ミルク玉と呼ばれる真っ白なビー玉である。駄菓子屋で買い求め、樹海へ急いだ。

眼窩《がんか》より僅かに小さい。隙間は粘土で埋めるしかない。それでもなかなか良い感じだ。

ただ、これだけでは白目を剥いた状態である。瞳を書き込まねばならない。

持ってきた油性ペンで慎重に描き込んでいく。

まずは左目。まずまずの出来である。右目は完璧であった。

完成した頭蓋骨に惚れ惚れした島崎さんは、とうとう持ち帰ってしまった。

押入れに隠し、しみじみと眺める。なんとも言えず美しい。

彫刻を眺める気分であった。

その夜のことである。

妹の部屋から絶叫が聞こえてきた。飛び起きた島崎さんが部屋に向かうと、既に父と母がいた。
妹は泣きじゃくりながら訴えた。
ふと目が覚めたら、体が動かなかった。
胸の上に、いつもの女の生首が乗っているのが見えた。
生首は囁くように言った。

これでは見えぬ
目をかえてくれぬか

たまらず、悲鳴をあげたら体が動いたのだという。
翌朝、今度は母が悲鳴をあげた。妹を抱きしめ、早く医者にと叫んでいる。
見ると、妹の両目が真っ白に濁っていた。
島崎さんは心底震えあがった。間違いなく、あの頭蓋骨のせいだ。
両親も妹も病院に向かっている。
自室の押入れに隠しておいた頭蓋骨を取り出した。
手にした途端、頭蓋骨はゆっくりと一度、まばたきをした。

島崎さんは震える手で頭蓋骨を鞄に詰め、そのまま樹海に捨ててきた。

結局、妹の目は元に戻らなかった。目だけではなく、耳も聞こえなくなった。

妹は、手探りで病室の窓を開け、自殺を謀った。

一命は取り留めたものの打ち所が悪く、昏睡状態から目覚めることなく短い生涯を終えた。

原因は自分なのだが、言い出せるわけもなく、ずっと胸に秘めていたのだという。

頭蓋骨は一度だけ島崎さんの夢に現れた。

とても嬉しそうに笑っていた。

干瓢

平山夢明

右京さんは学生時代、友達と樹海で泊まったことがある。

「結局、九回やったかな。九回目で終わっちゃったけど……。あの当時はまだいまみたいに観光化されてなかったからねえ。あちこち寂しかったよ。本当に」

で、なんでそんなとこに何度も通ったんですかと訊くと。

「遺骨が欲しかったから」

と彼は答えた。

「今はもう仕事が仕事だから、そんなもん欲しくもないっていう感じだけど、あの頃はなんだか欲しかったねえ。とにかく普通は持ってないものだろう。いや、皆持っているんだけど取り出さない限りは……ねえ」

右京さんは同じように樹海が好きだとか、死体を見たいとか、幽霊に遭ってみたいとかいう仲間を集めては出かけていた。

「樹海は迷うっていっても、本来は自然公園の中に遊歩道があるからね。それを歩いてるぶんには問題ないわけ」

　彼がよく通ったのは精進口登山道だという。

「とにかく早く行って泊まるとこを見つけるのが大事。暗くなってテントも張れずにいたら、本当に気が狂ってしまうからね」

　樹海というのはまさに奇々怪々な光景の連続だ。カルメ焼きの化け物のような溶岩がごろごろしている隙間を木の根が蛇のようにのたうち、それがそのまま巨木に変身していたり、またところどころに穴が多数存在する。

「たぶん、でかい木とかが途中まで生えてたんだけど、あんまりでかくなると元が溶岩の上だから、ぶっ倒れて抜けるかするんじゃないかな。だからその穴があちこちにある」

　スニーカーなどで入り込めば捻挫《ねんざ》、酷ければ足を折ることも考えられる。

「でも、そういうところが既に人間を拒否しているようで素晴らしいんだよね」

　右京さんは常に二人組で泊まりにきていた。

「大勢だといろいろ気を使わなくちゃなんないし、頭がおかしくなったりする奴が紛れ込む確率も高いからね」

　彼は何人か有志が集まると、神主であった父親から教えてもらった代々伝わる呪文を書いた護符と香を彼らの前で黙って焚いた。

「そうするとね。煙が教えてくれるんだ。こいつ連れてけって」

三人なら三人、五人なら五人並んでいるうちのひとりに煙が集中して流れ込んでいくのだ。右京さんはいつも流れた人間を選んだ。最後、以外は。

「そのときは時間がなかったんで勘で決めたんだよね」

九回目にいっしょに行くことになったのは、臼井という後輩だった。

父親が弁護士だということもあり、金持ちの坊ちゃんという印象だった。

「たぶん、なんかあったら親父に銭出させようぐらい……きっと俺は思ってたんだね」

一度でいいから幽霊を見たいという臼井を連れて、彼は富士に向かった。登山道を進むと、なんとなくピンときたところで舗装道路を外れ、森に足を踏み入れる。

「入るのは簡単なんだ。遊歩道、登山道を、一歩踏み越えてしまえば……もう樹海」

そのとき足を踏み入れたのには右京さんなりの読みがあった。

「車が捨ててあるのを見たんだ。あそこまで二台で来て捨てていくって人は少ないからね」

樹海は初めてだという臼井は、道のあちこちに立てられている『命は両親から頂いた大事なもの！　もう一度静かに両親や兄弟、子供のことを考えてみましょう。ひとりで悩まず、まずは相談してみましょう』という看板に興味を示し、カメラに収めたりしていた。

右京さんは彼から念書を取っていた。

〈一、全行程に於いてすべては自己責任で行い、不慮の事故、その他の疾病障害についても之をすべて自己責任とする〉

〈二、相手に対してはその生命財産に危害が及ぶものではない限り、行動を干渉しない。また行程内での出来事については特別の場合がない限り、自己に言及する以外は話さない〉

「こうしておかないと遺体を見つけたときに後で面倒だからね」

そのときは二泊三日を予定した。

「本当はもっと長くしたいんだけれど……あそこは水がないんだ。だから全部、持って行かなくちゃなんない。遺体の捜索が進まないのはそれが理由でもあるね」

彼は自分で開発した目印法を使って奥地へと進んだ（どういうものかは教えてもらえなかった。私に教えるにはまだ早いという）。

「自殺者は決まって少し丘みたく高くなってるところか、平坦で広場になってるところに集まるんだよね。それもそんなに奥まで行かない」

だが、そのときは警察の捜索があった後なのか、それらしい物は見つからなかった。

どんどん進んでいくとやがてハンカチ、ペットボトル、本が捨ててあるのを見つけた。

右京さんはそれが広がった先に足を進めた。

案の定、リュックが捨ててあった。

既に雨と泥に汚れ、黴《かび》と虫が入り込んでいた。

「この人、どうしたんでしょうね」

臼井は顔をしかめながらシャッターを押す。なんとかして心霊の証拠写真を撮りたいと言っている臼井は、熱心に木や捨ててある衣類などにレンズを向けていた。

そして午後三時、彼らはテントを設営することにした。

「平らなところはないから」

テントの下に段ボールを、テント内にも厚手のシートを敷いた。

ふたりはそれぞれテントを持ってきていた。

「男同士でひとつのテントなんて気味悪いもんね」

臼井はテントは初めてだったようで、ペグの打ち方、ラインの張り方、すべて右京さんに手伝ってもらわねばならなかった。

そして夕食を食べ始めたところで陽は落ちた。

樹海では夜になると昼間の荒涼とした感じとは打って変わって、気配が濃厚になる。

「樹っていうのは、けっこう騒がしいものなんだよね。風で枝が鳴る、何かの拍子で枝が落ちる。それに動物も確実に寄ってくるからね」

もちろん人の目に触れるような場所に彼らは不用意にやっては来ない。だが、それは見えずともわかるものだという。特に樹海ではそういった勘、アンテナが都会にいるときの何十倍も冴えるのだと右京さんは言った。

臼井は焚き火を囲んでいる最中、何度も〈えっ？　えっ？〉と右京さんを振り向いた。何も言っていないのだ。右京さんは黙ってただ炎に目を向けている。

臼井の耳には人の話し声が、または自分を呼ぶような声が届いたと言っていた。

そしてその度に彼は暗闇に向かってシャッターを切り、一瞬、強烈な光に闇の中の光景がモノクロに浮かび上がった。

テントの脇に目を転ずると、手帳と男物の靴が転がっていた。また警察が使うビニールの捜索用テープが、樹々の粗い表皮に切れ切れになって取り付いているのにも気がついた。

深夜、臼井のテントから啜り泣きが聞こえたが右京さんは無視した。

必ずしも臼井が泣いているとは限らないからだという。

翌朝、睡眠不足丸出しの臼井に喝を入れると、早々に奥へと進み始めた。

しかし、この日は臼井の体調が思わしくなかった。しきりに右腕が持ち上がらないとこぼし、ペースがグッと落ちてしまった。

右京さんはなんとしてでも遺骨を発見したかった。

水筒や線香立てなどが、ぼろぼろになった下着とともに固まっている。そういう場に出くわすと右京さんは周囲を丹念に探ってみた。

しかし、狙ったものは出てこなかった。

「その頃、小さな骨はけっこう持っていたからね」

彼は頭蓋骨が欲しかった。それも下顎の揃ったやつが欲しかったのだという。

「これが難しいンだよね」

でも、彼はそれを見つけることができたら樹海参りを辞めようと思っていた。

「綺麗に磨いて、うちに飾ってあげるんだ。供養になるよ。毎日、水も取り替えるから」

結局、昼過ぎには臼井は歩けないと文句を言い始めた。

不思議なことに、あれほど熱心に撮っていたカメラをその日は使わずにいた。

ちょうど平らになっている場所に出くわしたので、今夜はそこで泊まることにした。

臼井はどこかぼーっとしていた。

その夜の夕食はふたりとも無言だった。臼井も右京さんも焚き火を眺めていた。

「きのう……」

不意に臼井が口を開いた。

「きのう……三人で寝たんですよねえ」

「なに？」

右京さんの声に臼井は顔を上げた。目は死んでいた。

「きのう……僕、三人で寝たんです。ここらじゃ皆、相身互い、相身互いって。いい言葉ですよね。あいみたがいって」

「何言ってんだ、おまえ」

右京さんの言葉に臼井は〈わかってねえ〉と呟いた。

「そのときだね。ヤバイ奴、連れてきちゃったなあと思ったのはね。でも、もうどうしようもないよ。本当にどうしようもないんだ。あそこでは」

ふたりはそのまま小一時間座り続けていたが、やがて右京さんが〈テントに行くわ〉と腰を上げると臼井もそれに倣《なら》った。

妙な影響を受け始めている臼井といっしょにいるのが気詰まりだった、というのが正直なところだったという。

右京さんはテントの中で本を読み始めた。

時刻は九時を回っていた。

突然、〈ひゃぁぁぁぁ〉〈ひゃぁぁぁぁ〉と臼井の息も絶え絶えに泣き叫ぶ声が響いた。

右京さんはテントを飛び出すと隣の臼井のテントに声をかけた。

「どうした？　臼井！　うすい！」

反応はなかった。

テントのチャックは閉まっており、中に臼井がいることは靴が置いてあることでわかった。

なおも右京さんが声をかけると臼井が顔を出した。

「なんですか」

迷惑そうに右京さんを睨んでいた。

「なんですって、おまえが変な声出すから……心配してんじゃねえか」

「声？　声なんか出してませんよ」

臼井は鯣《するめ》のような物をクチャクチャ噛みながら憮然と答えた。

「それならいいや」

右京さんは焚き火の前に座り直した。胸騒ぎがしていた。

「何故かと言うとね。臼井の奴、汗だくだったんだよ。下界はさておき、まだ肌寒いような富士の麓だからね。あんなに汗かくはずないんだ」

〈危ないな〉と思った。狂うぐらいなら問題ないが、死なれては困る。

煙草を二、三本吸い終えた途端、また臼井のテントから物凄い悲鳴が上がった。

今度は間違いなかった。声はテントから、叫んでいるのは臼井だった。

「大丈夫か！」声をかけると、また臼井が顔を出した。唇の端に泡が溜まっていた。

「なんですか？」

彼の反応は先程と同じだったが、今度は外に連れ出し焚き火の前に座らせて様子を見ることにした。

臼井は木の根本に視線を据えたまま、手にした鯣をガジガジと噛んでいた。

そのとき、右京さんは闇の向こうから強い視線を感じた。

「はっきり囲まれていると思った。初めてだったね」

勝手に両腕と背中の毛が浮いてきたという。

そのとき、臼井は鯣など装備していなかったことに気付いた。

最初の夜、テントを設営する際に、素人丸出しの臼井はリュックの底に重要な物を詰め込んでいたために、一旦すべて出さなければならなかったのである。

そこであんな鯣はなかった。あんな干瓢《かんぴょう》のような色をした……。

と、そこまで考えたときに右京さんはゾッとした。

「おまえ！　さっきから何囓《かじ》ってるんだ」

彼はそう言うと立ち上がった。

臼井は言葉が耳に入っていないかのようにぼんやり動かなかった。

「おい！」

右京さんは臼井の持っているものを叩き落とした。

それは焚き火の中に入り、ジュッと音を立てると、忽《たちま》ち丸まった。

火に透かされた表面には毛が見えた。蛋白質《たんぱくしつ》の燃える臭いが立ちこめた。

「なんだよ。教えてもらったんだよ」

「誰に」

「いろんな人だよ。木に生えてるんだよ。ああいう皮が」

「馬鹿！　あれは人の皮だ！」

臼井はなんの反応も示さなかった。

「冬の間に死ぬと、人間はなかばミイラ状になっちまうんだよ。すると皮膚が干瓢みたいな感じになって、獣が喰い荒らした残りが木にへばりついてたりするんだ」

「俺を殴ってやんの……こいつ」

臼井は右京さんを睨んだ。

「なんにもしてねえのに」

臼井はポケットからまた皮を取り出すと、口の端に当てた。

右京さんは臼井のテントの中を覗いた。

寝袋の中に古い雑巾《ぞうきん》のような物が二、三枚散らばっていた。

敢えて手に取る気もしなかった。一枚には眉毛《まゆげ》がついていた。

「怖いも何も、とりあえずどうにかこいつを朝まで大人しくさせてなきゃいけないって、それぱっかり考えてたな」

樹々がざわめく中、臼井の側からクチャクチャという音が響いていた。

「なんの手だてもないよ。仕方ないから、もう本当に寝るぞと宣言してあいつを自分のテントに押し込むようにして入れたんだ」

他に手がなかった。ただ早く夜が明けて欲しかった。それだけだった……。

右京さんは隣のテントの気配を窺いながら、自分も寝袋の中に入り直した。

スーッと吸い込まれるように眠くなったという。


異様な気配で目が覚めた。

点けっぱなしのヘッドライトが、暗いテントの内部をぼんやりと照らしていた。

「雑踏の中にいるような気がしたんだよ」

テントの周りがざわめいていた。

テント越しに、駅の構内のように人のはっきりしない声が入れ替わり立ち替わり響き、石や木を踏む足音がテントの周囲をぐるりと取り囲んでいた。

テントの生地が手の形をくっきり見せて内側に凹《へこ》む。誰かが外から押しているのだ。人ではない。ここに人はふたりしかいないのだ。

すると突然、犬が人の言葉を話したような奇妙な悲鳴がした。

気配がピタッとやんだ。

しかし、それは何かが消えたということではなく、息を潜め何かを待っているといった感じだったという。

頭の先でジジ……ジジ……ジジと羽音に似た音がした。

それが何か気付くのに時間はかからなかった。

聞き慣れた音だった。テントのジッパーを開ける音だ。

右京さんは寝袋に下半身を突っ込みながら、テントの正面を見つめた。

今にも消えてしまいそうな淡いヘッドライトの光の中、ジッパーが動いていた。

ジジ……ジジ……ジジジジジ……ジジジジジジジジ……。
一瞬、生地と生地の隙間から黒い指が入り込んで消えた。
入口はなかば開いてしまった。僅かな風で生地が揺れていた。
何かがヌッと差し込まれた。髪の生えた泥の丸太のように見えたが、歯が並んでいた。
右京さんよりも先に、隣のテントにいる臼井の絶叫が響いた。
途端に顔が消えた。入口の隙間から、数人の足が見えた。
「うすい！　うすい！」右京さんは叫んだ。
天井を見ると、いくつもの人の顔型があった。
外からテントの生地を押し、こちらに迫っていた。
テントが壊れるっ、と身を硬くした途端、後ろから不意に抱きつかれた。
〈いいじゃん……〉
朽ち果てた人体の成れの果てが彼の肩を掴んでいた。
それは寝袋の中で右京さんの身体をぎゅっと搾《しぼ》るようにしがみついてきた。
意識が遠くなった。
翌朝、意識を取り戻した右京さんはテントを飛び出した。

臼井のテントはぐちゃぐちゃに引き裂かれ、彼の姿はなかった。

朝靄《あさもや》の立ち込める中、名前を呼びながら必死になって走り回ると、向こうから人の声が聞こえてきた。

「うすい！　うすいか！」

進むと声がはっきりしてきた。

唄だった。

〈きぃみぃがぁよぉぉわぁぁ、ちぃよぉぉにぃぃやちぃよぉぉにぃぃ〉

臼井はいた。テントから五十メートルほど離れた空き地に埋まっていた。

「ちょうど気をつけの姿勢のまま、胸の下辺りまで埋まってたんだ」

臼井は目前の樹に向かって大声を張り上げていた。

その樹から風鈴のように男がぶら下がっていた。

「かなり傷んでいて、首がキリンみたいに伸びてたね」

肉の残ったミイラ。生乾きのミイラのようだった。

右京さんは臼井を救い出すとテントに戻った。

必要なものだけを取りまとめると半日かけて登山道に戻り、事前に書かせておいた臼井の実家に駅から連絡を取ると父親が迎えにきた。

その後、臼井は大学には戻ってこなかった。

以来、消息は知らない。


「じゃあ、それがきっかけで樹海参りを辞めたんですね」

私の言葉に右京さんは頷くような、否定するような素振りをみせた。

「厳密に言うと願いが叶ったから……かな」

どういうことですかと問うと、右京さんは声を潜めた。

「あったんだ……頭蓋骨。俺と臼井のテントの下に」

彼の言葉によると、ふたりが設営したのは心中遺体の上だったという。

「土と枯葉で見分けが付かなかったけれど、荒っぽく撤収作業をしていたら」

白い皿のような物が泥の中から覗いた。

掘ると右京さんと臼井のテントの下から、まるまるふたり分の骨が出てきた。

「それで頭蓋だけリュックに入れて持ってきた。ちゃんと供養してるよ」

一度にふたり分なんてきっと運が良かったんだと彼は呟いた。

〈今度、見に来れば？〉と誘われたが、丁重にお断り申し上げた。

【収録作一覧】

「誘う息」	住倉カオス（『百万人の恐い話』竹書房文庫より）
「樹海のフィルム写真」	ふうらい牡丹（怪談マンスリーコンテスト10月佳作）
「彩りの森」	緒音　百（怪談マンスリーコンテスト10月最恐賞）
「死体探し」	乱夢（怪談マンスリーコンテスト10月佳作）
「ドラゴンズケイヴ」	神沼三平太（書き下ろし）
「見知らぬ男の夢」	月の砂漠（怪談マンスリーコンテスト10月優秀作）
「死にたくない」	神沼三平太（書き下ろし）
「慰め」	soo（怪談マンスリーコンテスト10月佳作）
「未来予想図。」	音隣宗二（怪談マンスリーコンテスト10月佳作）
「ズレて見える」	中野前後（怪談マンスリーコンテスト10月優秀作）
「ない」	大坂秋知（怪談マンスリーコンテスト10月優秀作）
「免許証」	神沼三平太（書き下ろし）
「育ての母」	つくね乱蔵（書き下ろし）
「一方通行」	橘　百花（書き下ろし）
「「こっくりさん」に纏わる話」	営業のK（『闇塗怪談 戻レナイ恐怖』竹書房文庫より）
「泥顔」	つくね乱蔵（書き下ろし）
「干瓢」	平山夢明（『「超」怖い話ベストセレクション 屍臭』竹書房文庫より）

著者紹介

住倉カオス（すみくら・かおす）
怪談最恐戦のMC。作家、フォトグラファー、怪談イベントオーガナイザー。出版社のカメラマンとして多くの心霊取材に携わり、投稿型怪談ウェブサイト「百万人の恐い話」、アマゾンプライムのChannel恐怖にて「住倉カオスの怪談★語ルシス」を主宰。一方、日本唯一の〝猥談家〟のイチ面もある。著書に『百万人の恐い話』『百万人の恐い話 呪霊物件』等。

ふうらい牡丹（ふうらい・ぼたん）
大阪在住。普段は落語家をしておりますが、実話怪談については話すよりも書く方が好きです。共著に『怪談四十九夜 茶毘』。

緒音　百（おおと・もも）
佐賀県出身。自然豊かな田舎にて怪談や奇談に慣れ親しんで育った。大学時代に上京し、民俗学を専攻。語り継ぐことの楽しさに目覚める。趣味は旅行、温泉めぐり。

乱夢（らむ）
北国育ちの怪奇蒐集家・怪談師。心霊スポットは苦手。怪奇談募集中。Twitter @ram_kaidan

神沼三平太（かみぬま・さんぺいた）
神奈川県茅ヶ崎市出身。O型。髭坊主眼鏡の巨漢。大学や専門学校で非常勤講師として教鞭を取る一方で、怪異体験を幅広く蒐集する怪談おじさん。猫好き甘党タケノコ派。最近は対面で取材したり、怪談会を開催したりが憚られるのが悩みの種。成長期よ永遠なれ。

月の砂漠（つきのさばく）
東京都在住の放送作家。趣味は落語鑑賞と寺社仏閣巡り。血圧高めの恐妻家。

ｓｏｏ（すう）
北関東在住。田舎の言い伝えや土着の神様や妖怪、因習の話が大好き。高橋葉介先生とMAN WITH A MISSIONの大ファン。怪談は、すごく怖いのもちょっとホッコリするのも両方好きです。

音隣宗二（おとなり・そうじ）
東京都出身。趣味は映画鑑賞。読書。平均身長、平均体重。最近フィルムカメラデビュー。一回くらいは心霊写真を撮りたい。